JN273848

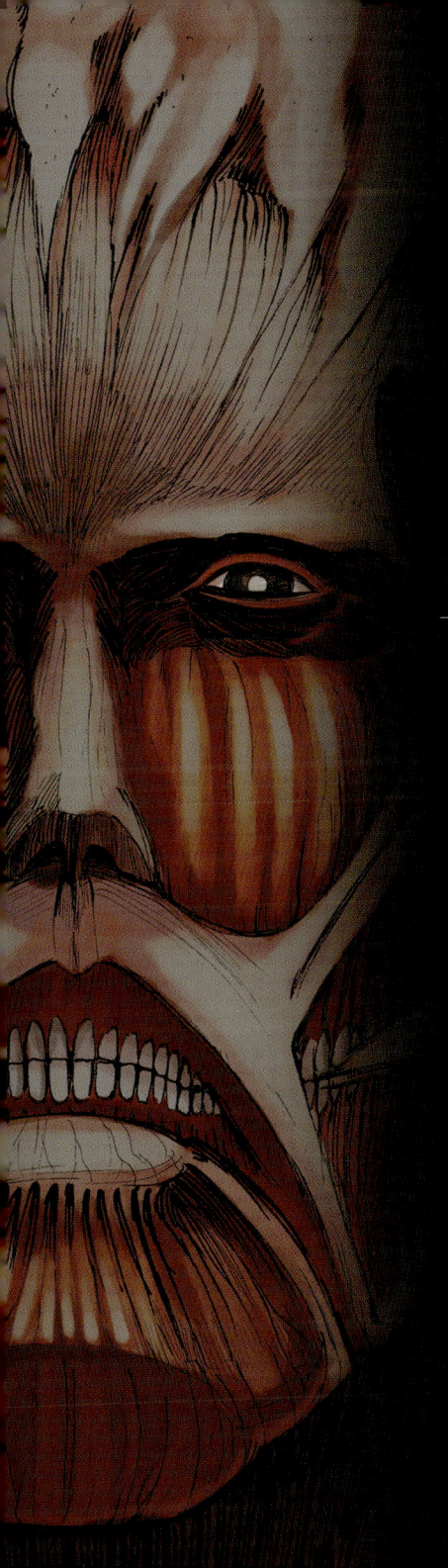

進撃の英語
attack on English

廣政愁一

講談社

はじめに

本書は、学校卒業後英語から遠ざかっていたり、また英会話レッスンに通ってはいるけれど文法となると苦手に感じる社会人から、英語学習真っ最中の高校生まで、レベルでいうとTOEIC730点未満の人向けの学習書です。

英語から離れている社会人がさっと読み切って、受験の頃の学力まで戻すことができます。また、高校生が今やっている英語の実力をぶつけて確認することもできます。

とは言っても、学校英語、受験英語、TOEICの英語、実用英語というものが、バラバラにあるわけではありません。あるのはもちろん、「英語」ひとつ。

しかし、われわれが慣れ親しんできた学習と生きた英語の橋渡しをする、適切な教材がないのも事実です。

そこが本書の大きな役割なのです。

『進撃の英語』は、国内だけではなく海外でも圧倒的な人気を獲得している漫画『進撃の巨人』をテキストにした、本格的総合英語学習書です。

「manga」は今では世界語。ファッションや音楽など、他のポップカルチャーとともに「Cool Japan（カッコいい日本）」の中心として、広く外国人の間でもてはやされている日本独自の現代文化であり、輸出産業です。

その中で、欧米、アジアなど10ヵ国以上の国々で多くの読者を獲得している『進撃の巨人』は、単なる日本文化という枠を超えて、国際文化であるとも言えるでしょう。

ファンの熱狂ぶりが世界的現象となっている、manga『進撃の巨人』をテキストに英語を学習するということは、今いちばんhotでcoolな学習法であると、私は確信しています。

本書は、ただ単にhotでcoolな学習書であるというだけにはとどまりません。

mangaのセリフをテキストにすることには、大きなメリットがあります。

ストーリーの中での前後関係やその場面の空気、人間関係など、その背景や言葉を発する人物像を理解した上

で、的確な表現を習得できることです。

多くの参考書や問題集では、バラバラに「切り取られた」例文が並べられています。

英語の理論を理解するためにはそれで十分だとも言えますが、しかし、さまざまな表現を適切な場面で使いこなせるようにするためには、もっと実用的な生きた例文が必要になってきます。

その点で、一般的な英会話教材の例文は、実際によく起こり得る場面を想定し、そしてそこで起こり得るだろう会話のシミュレーションを行う、いわゆるロールプレイング形式が採用されています。

しかし、それでもなお、英会話教材に出てくるロールプレイング会話は、教材のために作られた会話であり、感情移入の難しいものもあるのではないでしょうか。あくまで、これは私個人の経験に基づく感想ではありますが。

そういった英語学習書の不備を、本書では解消しています。

「切り取られた」例文をただ学習するのではなく、ストーリーの中で理解し、また一コマ一コマ、インパクトの強いビジュアルに結びつけて学ぶということは学習効果も抜群です。

さらに、登場人物に感情移入しながらセリフを練習すると、より高い効果も期待できます。そうすることで英語構文が自然と身についていくことでしょう。

また、本書の中には、重要な文法や語彙表現の細かい解説、そして読解のポイントや雑知識も盛り込んであります。

高校生の受験対策から社会人の英語力ブラッシュアップまで幅広く対応できる学習教材として、さらに読み物としても楽しんでいただける内容になっています。

この本を手に取ってくださった読者の方の中には、「英語が苦手」だと感じている人も多いでしょう。

しかし、英語は巨人のような人間を襲ってくる「敵」ではありません。みなさんが戦うべき相手は、英語に対する苦手意識です。

本書が、みなさんの英語への苦手意識を「駆逐」するための道具になることを願っています。

廣政　愁一

| 進撃の英語　目次 |

はじめに ──────────────── **001**

本書の使い方 ─────────────── **005**

第1話　二千年後の君へ ─── **007**
Episode 1: To you, 2,000 Years From Now

第2話　その日 ──────── **161**
Episode 2: That Day

Attack on 英文法 &
Attack on vocabulary　　タイトル索引 ─── **284**

おわりに ──────────────── **285**

とともに、セリフを引用しています。

（例）**I have a dream.**
　　オレには夢がある

　　　　　　　　　　　　　　　　　　　　　エレン

　それらは、そのページで取り上げられる文法表現を含む特に重要なセリフです。セリフをイメージしながら文法学習するのは大変効果的です。

※なお、このページにおいては、セリフの引用だけではなく、文法をよりわかりやすく理解していただくために、例文を適宜作成し、使用している箇所もあります。

Attack on vocabulary

　ここでは、問題で取り上げられた重要語彙の類似表現をまとめています。
　また、豆知識的なコラムもありますので、息抜き用の読み物としてもお楽しみいただけると思います。

　　　　　　　　　　　　＊　　　＊　　　＊

　本書の学習法としては、まずページの順番通り、①日本語版でストーリーを理解、②英語版で表現を確認、③空所補充問題に解答、④解説を確認、というように読み進めていってください。

　Questions & Answers のページ内にも、そのシーンの縮小版の絵を挿入しました。
　同じビジュアルを三度繰り返して見ることにより、視覚的効果で自然に英語表現が身につく仕掛けになっています。
　また、本書はさまざまな角度から学習できる仕組みにもなっています。
　一通り、上記の学習が終わったら、たとえば、英語版ページだけを読んで意味が理解できるか、あるいは日本語版ページだけを読んで英語でセリフが言えるか試してみましょう。Attack on 英文法の部分だけを通して学習してみたり、Attack on vocabulary で紹介した語彙や、英語版ページの欄外に掲載してあるセリフ中での少し難しい単語の暗記に集中してみるなど、みなさんご自身で使い方を工夫してみてください。
　最後に。漫画ページで着色されているセリフはみな、とても大事な表現です。ぜひ声に出して繰り返し読んでみてください。役になりきって音読してみるのもオススメです。

本書内での表記

- S は主語。
- V は述語動詞。to V は to 不定詞（to ＋動詞原形）、Ving は現在分詞あるいは動名詞、Vpp は過去分詞。
- O は目的語。
- C は補語。
- SV は〈主語＋動詞〉の組み合わせで、文あるいは節を表す。
- [　] 内の英語は言い換えが可能な表現（言い換えの対象はイタリック体で示す）。
- （例）take [have] one [a] look at : take one look at, have one look at, take a look at, have a look at
- ＝ は同意語（句）。

本書の使い方

本書は、
1 日本語版コミック → **2** 同シーンの英語版 → **3** 問題・解説・ポイント
という順で、各ページを交互に配置する、三段階構成になっています。

※各ページの上部に ◀ Scene No. ▶ を施しています。同じ番号は同シーンを指しているので、読み進めるときの目安にしてください。なお、Scene1-14 は p.53 に掲載し、Scene1-47〜49（pp.150-157）および Scene2-22〜23（pp.226-229）については、緊張感せまる漫画のシーンを存分にお楽しみいただきたいと考え、英語解説ページは省略してあります。

また、英語解説ページは各兵団（訓練兵団・憲兵団・駐屯兵団・調査兵団）のエンブレムをそれぞれあしらった、次の4つから構成されています。

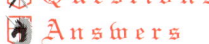

- Questions
- Answers
- Attack on 英文法
- Attack on Vocabulary

各概要は以下の通りです。

Questions & Answers

Questions では、そのシーンに出てきたセリフを用いて、出題しています。漫画ページにおいて、吹き出しの中が赤に着色されている箇所は、問題として使用されていることを示します。

※一部、吹き出し全体ではなく部分の使用となっています。また、問題として引用する際、セリフの表記を改めたところがあります。特に、英文では問題としての読みやすさを考慮し、文中の「…」は省略して、文頭を大文字にしたり、文末にピリオドを付加したりするなど、適宜変更を施してあります。

英語でのセリフが（　　　）になっているところは、選択肢から1つ選び、あるいは日本語の意味をヒントに空所を埋めた後で、下の Answers を確認してください。

問題のなかには、上記のような英単語を問う質問ではなく、日本語訳や対義語などを問うものもあるので、それらは英語をヒントにしてチャレンジしてみてください。

Answers では、より深く理解していただけるように、その解答だけではなく、重要な文法の解説や、関連した表現なども紹介しています。

Attack on 英文法

Questions に対する Answers の解説箇所には、いろいろな文法用語が出てきます。なじみがなかったり、少し難しいと感じていたり、忘れてしまっていたりするものもあるかもしれません。この英文法のページでは、それらの解説に使われた文法や語法を、内容ごとに詳しく解説しています。

また、英文法の多くのページで、冒頭部において、そのセリフの発話者のイラスト

漫　画　諫山　創
翻　訳　シェルダン・ドルヅカ
構　成　泉澤摩美
カバーデザイン　下山　隆（RedRooster）
本文デザイン　森田祥子（TYPEFACE）

※漫画ページは、『進撃の巨人 1』（講談社コミックス マガジン）ならびに『バイリンガル版 進撃の巨人 1』（KODANSHA BILINGUAL COMICS）を底本とし、バイリンガル版の表記を一部変更して使用しております。また、Questions & Answers のページにおいて、画像処理の関係上、不鮮明な箇所がございますがご了承ください。

第 1 話 二千年後の君へ

Episode 1 : To you, 2,000 Years From Now

Scene 1-1

その日 人類は思い出した

ヤツらに支配されていた恐怖を…
鳥籠の中に囚われていた屈辱を……

Scene 1-1

That day, the human race remembered...

...the terror of being dominated by them...

...and the shame of being held captive in a birdcage.

Scene 1-1

🗡 Questions

1 ヤツらに支配されていた恐怖を…
The terror of (being dominated / dominating) by them...

2 鳥籠の中に囚われていた屈辱を…
The shame of (being held captive / they are holding captive) in a birdcage

🐎 Answers

1 being dominated

ここでは前置詞 of は「という」の意味で使われ、terror（恐怖）の内容を表す役割をしています。
　前置詞の後ろに動詞を置く場合は動名詞を入れますが（p.17参照）、「ヤツら（巨人）に支配されていた恐怖」を人類が思い出すわけですから、受動態（p.176参照）の動名詞〈**being + Vpp（過去分詞）**〉の形にします。

Titans dominate the human race.	→	The human race **are dominated** by Titans.
巨人が人類を支配する	→	人類が巨人に支配される
dominating the human race	→	**being dominated by** Titans

2 being held captive

同様に、この前置詞 of も shame（屈辱）の内容を表す役割をしています。そして、やはり「人類が鳥籠の中（壁の内部）に囚われていた屈辱」ということなので、受動態の動名詞にします。

Titans hold the human race captive.	→	The human race **are held** captive by Titans.
巨人が人類を捕虜としている	→	人類が巨人によって捕虜にされている
holding the human race captive	→	**being held** captive by Titans

Attack on 英文法　前置詞 of

🌹　それぞれの前置詞は「ひとつのイメージ」を持っているのですが、英文中で使うとき、そして日本語に訳すときにさまざまなバリエーションがあります。
of にも代表的な意味「〜の」の他に、次のような使い方があります。

① [〜に関して、〜のことを]　think **of** 〜：〜について考える
② [〜から]　be independent **of** 〜：〜から独立して
③ [〜のうちで]　the tallest **of** the three：3人の中でいちばん背が高い
④ [材料]　be made **of** 〜：〜でできている
⑤ [死因（内的原因）]　die **of** cancer：がんで死ぬ
⑥ [of ＋抽象名詞]　a paint **of** great value：非常に価値のある絵

10

Attack on 英文法　品詞の役割と準動詞

　英文法の解説には、名詞や動詞、また前置詞などの、品詞の名前がたくさん出てきて、難しいと感じるかもしれません。正しく英文を解釈したり、正しい英文を作成したりするためには、品詞の理解は必須です。
　英語の品詞は、日本語の品詞とは内容や位置づけが少し異なる部分がありますが、基本的に、**名詞・代名詞・形容詞・副詞・動詞・前置詞・接続詞・間投詞**の8種類に分類されます。
※冠詞は形容詞に、助動詞は動詞に含まれます。また関係詞や疑問詞は代名詞や副詞・形容詞などの下に置かれます。

　その中でも、名詞・形容詞・副詞の、文中での主な役割を理解することは特に重要です。

・**名　詞**：文中で主語・目的語・補語になる。
・**形容詞**：名詞を修飾したり、補語になったりする。
・**副　詞**：動詞や形容詞、他の副詞、さらには文全体を修飾する。

　実はこれは単語だけに留まらず、この後で説明する、句や節といった2語以上の語のかたまり（p.34参照）も、文中での働きに応じて、名詞句や名詞節、形容詞句や形容詞節、副詞句や副詞節と呼び、同様の働きをします。

　ところで、動詞を述語動詞としてではなく、形を変えることによって、文中で、名詞・形容詞・副詞と同じ働きを持たせることがあり、これを**準動詞**と呼びます。準動詞には、動名詞・不定詞・分詞があります。
　たとえば動名詞（p.16参照）は、本来は名詞が置かれる主語や目的語・補語の位置に動詞を入れて、「〜すること」という役割を持たせたいときに使うものです。
　同様に、不定詞や分詞も、名詞的用法・形容詞的用法・副詞的用法に分かれます。
　このように、単語だけではなく、句や節の文中での働きを正しく理解したり、準動詞を正しく使いこなしたりするために、この名詞・形容詞・副詞の文中での役割の理解は特に重要です。

　品詞の理解は、英語学習の「壁」を突き破るときに非常に重要であると言えるのです。

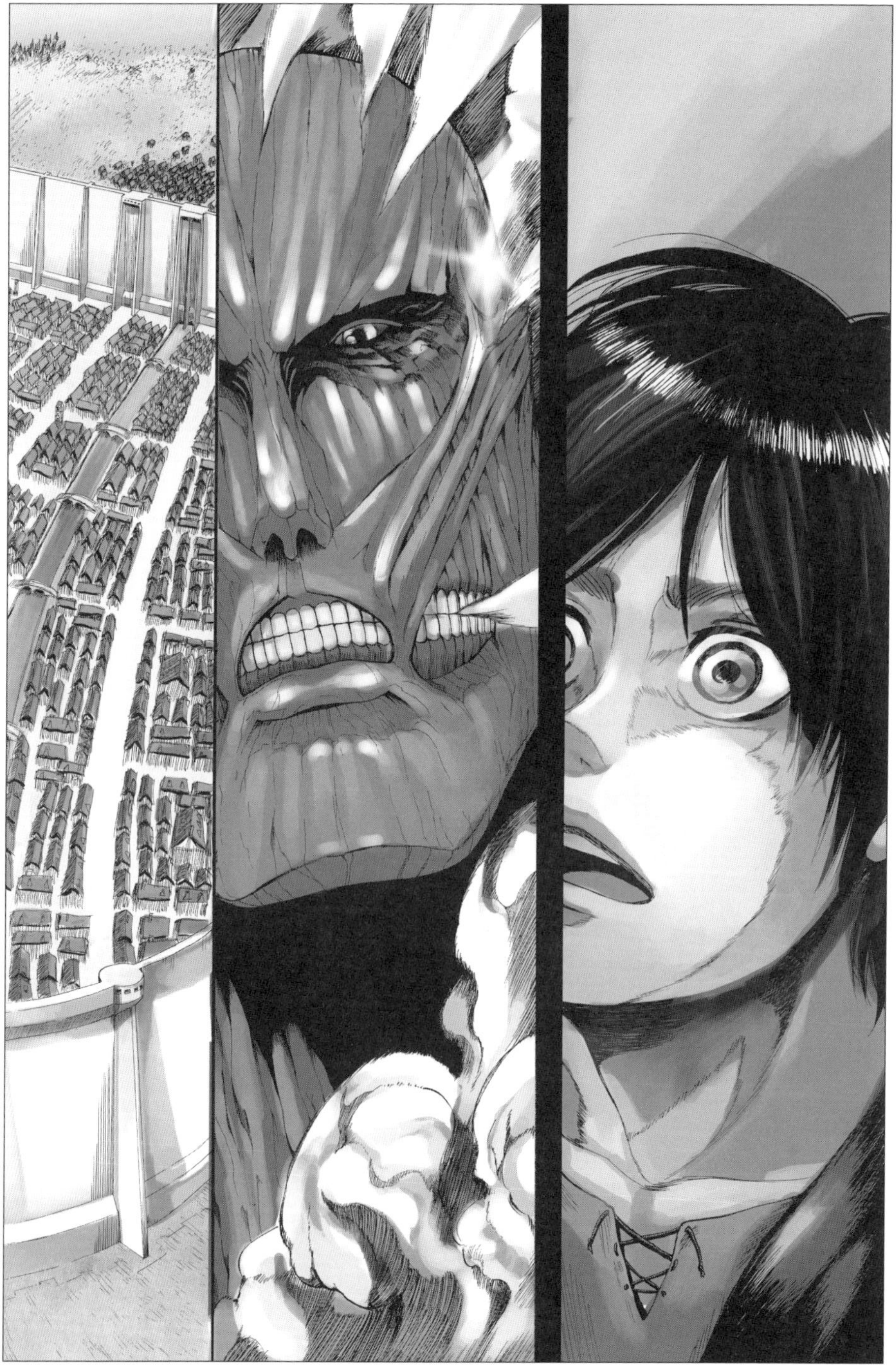

Scene 1-2

第1話 二千年後の君へ

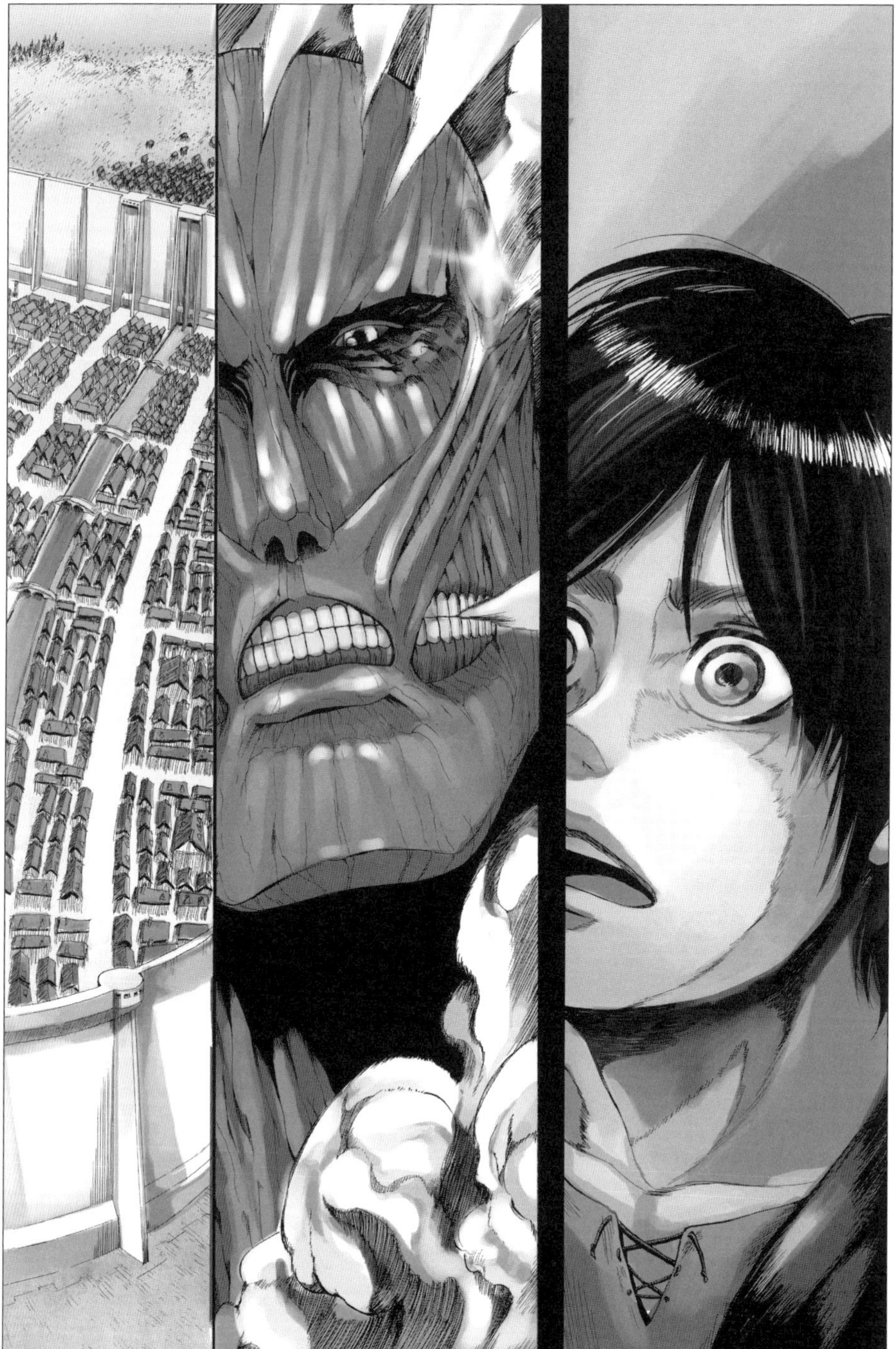

Scene 1-2

Episode 1:
To You, 2,000 Years From Now

Attack on 英文法　動名詞の基本用法

Is crying the only thing the weak can do?!
弱いヤツは泣き喚(わめ)くしかないのか!?

🛡 文の主語・目的語・補語には名詞の形を置きますが、ここに動作「〜する」を入れる場合、動詞を名詞形「〜すること」に変えます。

　方法は、①「不定詞 to V 原形の形にする」、②「動名詞 Ving の形にする」の2通りですが、まず**動名詞の基本用法**についてまとめてみましょう。

Joining the Survey Corps is a foolish idea.［主語］
調査兵団に入隊するなんてバカなことよ
▶ joining the Survey Corps：調査兵団に入隊すること

I don't remember **agreeing to keep it a secret**.［目的語］
（内緒にすることに）協力した覚えはない
▶ agreeing to keep it a secret：それを内緒にすると同意したこと

Most unbelievable thing is **seeing a Titan coming in over the wall**.［補語］
何より信じがたいことに巨人が壁を乗り越えてきた
▶ seeing a Titan coming in over the wall：巨人が壁を乗り越えてくるのを見ること

※ be 動詞の後に Ving の形が続くものに進行形「〜している」があります。
　He **is seeing** a Titan coming in over the wall.（彼は巨人が壁を乗り越えて来るのを見ている）
　後に説明しますが、Ving の形は動名詞のほかに現在分詞という形があり、区別することが必要になってきます。

　主語に動名詞を入れた文は、次のように**形式主語 it** を使って書き換えることもできます。

Joining the Survey Corps is a foolish idea.
▶ **It** is a foolish idea **joining the Survey Corps.**

　同様に、目的語に動名詞を入れるときに、形式目的語 it を使って書き換えることもあります。

Some of the humanity didn't find **it** comfortable **living inside of the wall peacefully**.
壁の中で平和に暮らすのを快適と思わない人類もいた

　find it comfortable の部分は「it を快適と思う」という関係になっていますが、こちらの it は形式目的語といって、後の living inside of the wall peacefully を示しています。

　いかがでしょう。形式主語や形式目的語 it を使うとスッキリした印象がありますね。

16

Attack on 英文法　前置詞の後の動名詞

You should change your mind about joining the Survey Corps...
調査兵団はやめた方がいい…
▶ about joining the Survey Corps：調査兵団に加入することについて

　aboutは「〜について」という意味の前置詞ですが、このように前置詞は名詞の前に置いていろいろな意味を添えながら、文に接続する役割があります。
　前置詞の後ろに動作を置く場合は、必ず動名詞に変えます。動名詞の用法の中で、特に重要なのは、この前置詞の後の動名詞です。それは、前ページで述べた、主語・目的語・補語に入れる動名詞は不定詞に置き換えることができるのに対して、前置詞の後に置く動名詞は不定詞には置き換えられないからです。

But isn't that **like being a caged animal**?
でもそれじゃまるで家畜じゃないか
▶ like being a caged animal：家畜であることに似ている

So basically our taxes are being used to fatten up those bastards **by providing them with "snacks."**
これじゃあオレらの税でヤツにエサをやって太らせてるようなもんだなぁ
▶ by providing them with "snacks"：ヤツらにエサを与えることによって

I hate the idea **of spending my whole life inside the wall, ignorant of what's happening in the world outside**.
外の世界がどうなっているのか何も知らずに一生壁の中で過ごすなんて嫌だ
▶ (the idea) of spending 〜 in the world outside：〜を知らずに、一生壁の中で過ごすという(考え)

　また、前置詞 to の後ろは、不定詞と混同しやすく、**to Ving** とするべきところを間違って to V原形にしてしまうことが多いので、特に注意が必要です。

His death brought humanity one step closer **to beating them back, right?!**
息子の死は人類の反撃の糧になったのですよね!?
The boy is used **to seeing soldiers return in terrible condition**.
その男の子は、兵士たちが悲惨な状態で帰還するのを見ることに慣れている
▶ be used to 〜ing：〜することに慣れている

It's been five years, huh? I've been looking forward **to getting revenge on you**.
5年ぶりだな。復讐するのを楽しみにしていたぞ
▶ look forward to 〜ing：〜するのを楽しみにする

進撃の巨人
attack on titan

1

諫山 創

この物語はフィクションであり、実在の人物、団体、出来事等とは一切関係ありません。

――総員

戦闘用意!!

ATTACK ON TITAN 1
HAJIME ISAYAMA

Scene 1-3

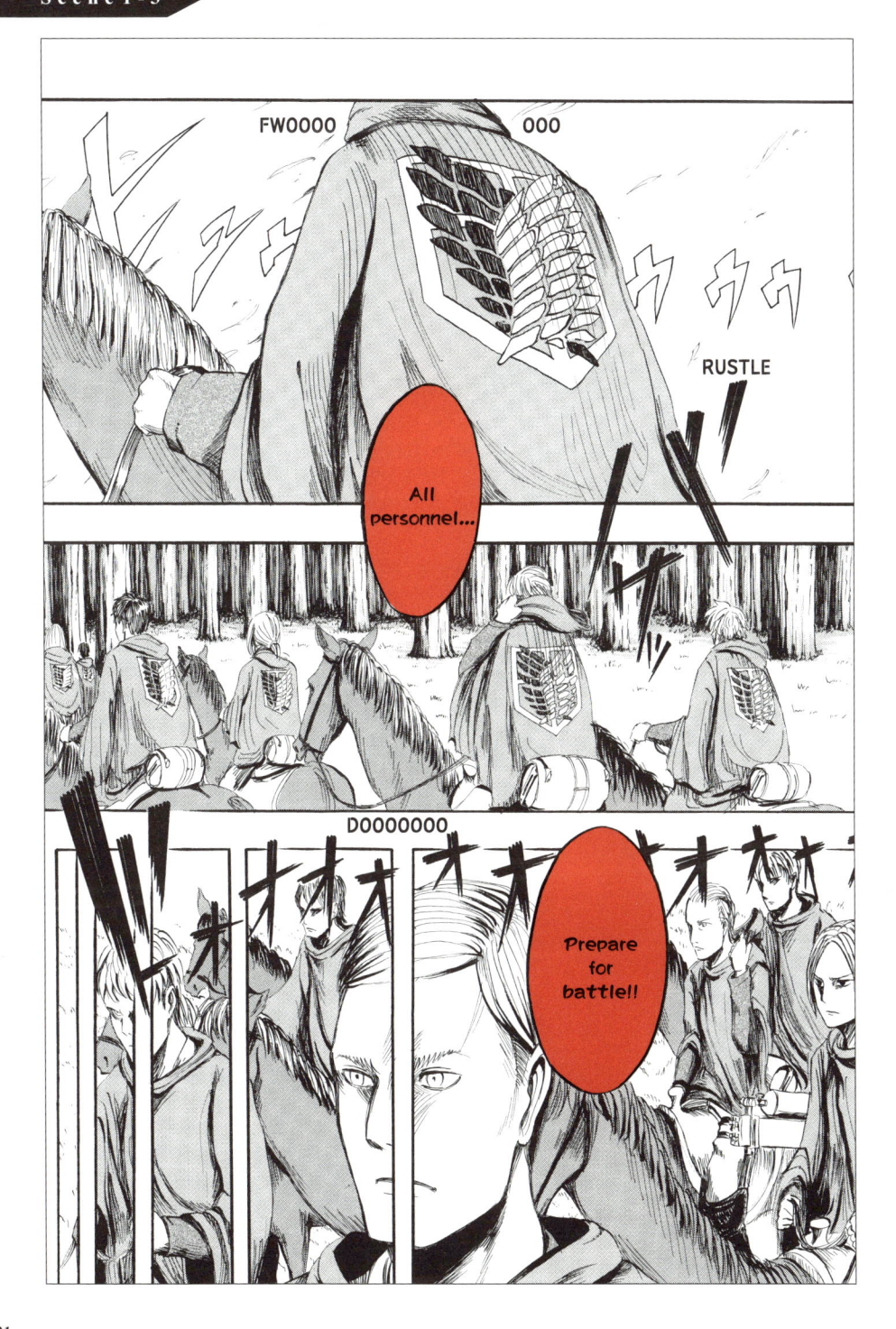

FWOOOO OOO

RUSTLE

All personnel...

DOOOOOOO

Prepare for battle!!

Attack on Vocabulary
タイトル Attack on Titan について

そもそも『進撃の巨人』とは何でしょう。
ストーリーを読み進むうちに、それが深い意味を持ってくるのでしょうか。

「進撃」とは「攻撃しながら前進すること」ですから、「前進」に焦点を置くと、"Advancing Titan"という英訳になるでしょう。
「攻撃」に焦点を置くと、"Attacking Titan"となります。

一方、attack on 〜 は「〜に対する攻撃」、攻撃対象には前置詞 on を使います。

ちょっと待てよ。ということは、"Attack on Titan"は「巨人への攻撃」。巨人が攻撃してくるのだから"Attack of Titan"「巨人の攻撃」が正しいのでは？

あえて"on"を使ったことに、何か深い意味、伏線があるのでしょうか。
ただ、少なくともタイトルというのは、特に翻訳するとき、意味そのものよりも語感が重要視されるということは言えます。いかがですか？ "Attacking Titan"や"Attack of Titan"よりも、"Attack on Titan"の方がかっこよくないですか？

ちなみに、「巨人」の訳も一般的な"giant"ではなく"Titan"が使われていますね。
"Titan"とはギリシャ神話に出てくる巨人の名前で、大きいものを表すときの比喩としてよく使われます。
形容詞形は"titanic"。あの悲劇の豪華客船"the Titanic"の船名もここから来ています。巨大な船ということだったのでしょうね。

Scene 1-3

Questions

1 総員
All（persons / personnel）

2 戦闘用意!!
Prepare（　　　）battle!!

Answers

1 personnel

personnel は「職員、社員」などの意味で、会社や組織の人事関係の語に広く使います。
▶ **Personnel Department**：人事部

2 for

▶ **prepare for 〜**：〜に備える
また、準備するものを後に置く場合は目的語として置くので for は不要です。
▶ **prepare O**：O を準備する

Attack on vocabulary
『進撃の巨人』用語集 〜Glossary Attack on Titan〜

少し難しい用語も出てきますが、列挙しておきます。普段めったに使うことのないような語もありますが、たとえば、テレビゲームを通じて武器系の単語を覚えたり、スポーツを通じてディフェンス（defense）やペナルティ（penalty）という語を覚えたり、そのような部分から英語に接するというのも、1つのアプローチと考えればよいのではないかと考えます。

- 超大型巨人：The Colossus Titan
- 鎧の巨人：The Armored Titan
- 奇行種：The Deviant Type / The abnormal
- 第104期訓練兵団：The 104th Training Corps
- 憲兵団：Military Police Brigade
- 駐屯兵団：Garrison
- 調査兵団：Survey Corps
- 壁上固定砲：Wall-mounted Artillery
- 立体機動装置：Vertical Maneuvering Devices

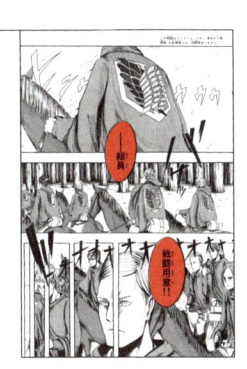

Scene1-4

目標は一体だ!!

必ず仕留めるぞ!!

Scene 1-5

目標との距離400!!

こちらに向かって来ます!!

……!!

ギシッ
ギシッ

CLOP
CLOP
CLOP
CLOP
There's one target!!
Kill it with-out fail!!
CLOP
CLOP
CLOP
CLOP

Scene 1-5

400 meters to target!!

...!!

It's heading this way!!

WHUMP

WHUMP

Scene 1-4

❓ Questions

1 目標は一体だ!!
There's one (t   )!!

2 必ず仕留めるぞ!!
Kill it (w   ) (f   )!!

📖 Answers

1 target

「目標、対象」を表す単語はいくつかあります。
・**object**：一般的な知覚や動作、感情全般の対象となる物体のイメージで、いちばん一般的に使われます。
　▶ **object** of romantic interest：恋愛対象、など
・**goal**：サッカーや競走のゴールのイメージ、何か達成すべき目標のイメージです。
　▶ sales **goal**：販売目標 / **goal** achievement：目標達成、など
・**target**：もともと射撃の標的ですから、的を絞るイメージ。
　▶ **target** date (of 〜)：(〜の) 目標の期日、など
巨人狩りは射撃ではありませんが、狙いを絞って近づいて行くので「標的」のイメージがいいですね。

2 without fail（必ず）

　fail (to V) は主に動詞として使われます。「(〜することに) 失敗する / しくじる」という意味です。動詞 fail の本来の名詞形は failure（失敗）ですが、この **without fail**（〔失敗なく=〕必ず）という成句では fail の形のまま使われます。
　Kill it without fail!! = **Don't fail to kill it.** と書き換えられますが、前者の方が、巨人を追う兵団長の命令にふさわしい切迫感が感じられますね。
　"**Kill it without fail!!**" と、セリフを言うように、口に出して重要表現を覚えましょう。
　ところで、巨人を指す代名詞が it になっていますね。
　巨人は人か人ではないのか。性別は……。
　人であっても、性別があいまいな場合や特に明示する必要がない場合、人称代名詞 it で受けることもあります。
　A baby cries when **it** is hungry.（赤ん坊は腹がへると泣く）
　逆に動物でも、ペットなど雄雌が分かっていて親しみを込める場合は he や she で受けます。
　ここまで巨人は性別も何もなさそうですね。後に出てくるエレンのセリフでも「一匹残らず」と動物扱いしていますので、it で表すのがちょうどよいでしょう。

Scene 1-5

Questions

1. 目標との距離400!!
   400 meters (　　　) target!!

2. こちらに (　　　) きます!!
   It's heading this way!!

Answers

1 to

　正しい前置詞を使うには、日本語に惑わされないことが大切です。
「目標との」とありますが、もちろん with ではありませんね。
「目標からの距離」と考えて from も入れてしまいそうですが、ここでは目標は到達点ととらえて go to Tokyo と同じ to を使うと、目標に向かって進んでいる場面にふさわしいニュアンスが伝わります。

2 向かって

「それはヘッディングだ」などと訳さないように。
　head は名詞では「頭」ですが、動詞としても使うことができて、**「(ある方向に) 進む、向かう」**という意味になります。ここでは、現在進行形で「向かっている」ですね。
▶ **this way**：こちらの方向へ
道案内で「こちらです」と言うときは、"**This way**, please." です。

Attack on vocabulary
headを使った熟語・慣用句

日本語同様、英語でも身体の部分を使った慣用表現はたくさんあります。ここでは **head** を使った表現をまとめてみましょう。

above one's *head*：〜には難しすぎて理解できない / by a *head*：頭の差だけ / come to a *head*：危機が近づく / count *heads*：(出席者などの) 人数を数える / from *head* to foot：全身、完全に / *head* and shoulders above 〜：〜よりずっとすぐれて / *head* first：まっさかさまに / *head* on：正面に、正面から、まともに / *head* over heels：まっさかさまに、まったく、すっかり / keep one's *head*：落ち着いている / *lay [put] heads* together：集まって相談する / make *head* (against 〜)：(〜に逆らって) 進む / cannot make *head* or tail of 〜：〜を理解できない / take it one's *head* to do：急に〜ということを思いつく

Scene 1-6

訓練通り5つに分かれろ!!

囮は我々が引き受ける!!

目標距離100!!

Scene 1-7

全攻撃班!!立体機動に移れ!!

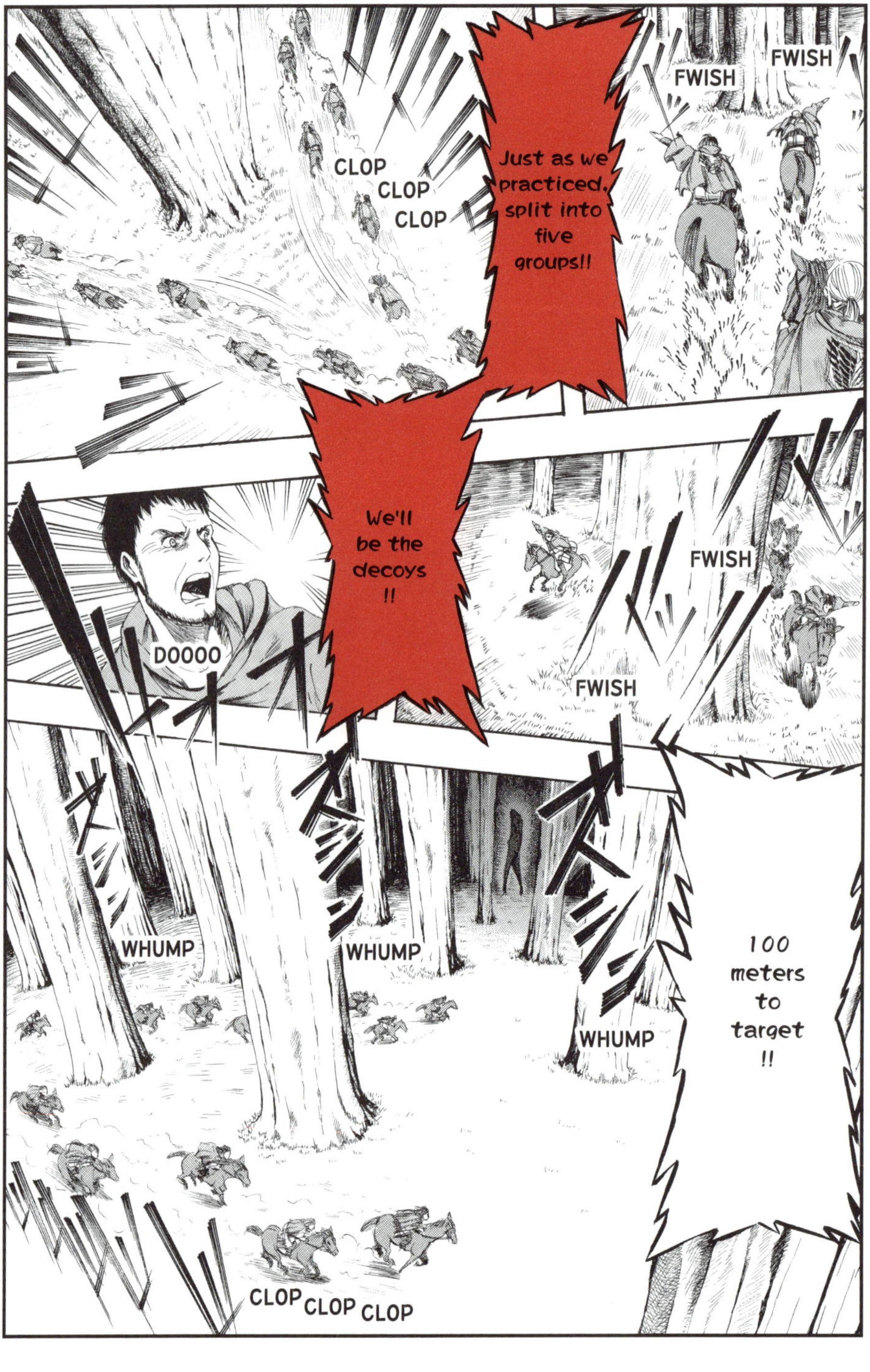
FWISH
FWISH
CLOP
CLOP
CLOP
Just as we practiced, split into five groups!!
We'll be the decoys !!
DOOOO
FWISH
FWISH
WHUMP
WHUMP
WHUMP
100 meters to target !!
CLOP CLOP CLOP

All attack groups!! Switch to Vertical Maneuvering!!
CLOP
CLOP
CLOP
CHIK
RUSTLE
FSST

Scene 1-6

❌ Questions

1 訓練通り
（　　　）（　　　）we practiced

2 5つに分かれろ‼
Split（for / into / by）five groups!!

3 （　　　）は我々が引き受ける‼
We'll be the decoys!!

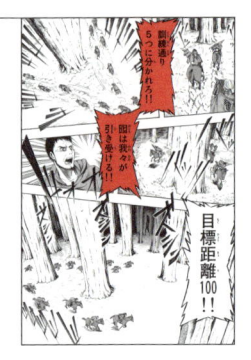

🐉 Answers

1 Just as（ちょうど〜のように）

　口語英語では just like を入れることもできますが、厳密にいうと、as は接続詞、like は前置詞という違いがありますので、基本的には、**just as** の後は節、**just like** の後は語や句を置きます。

2 into

　前置詞 into は、come **into** the room など「〜の中に向かって」というのがいちばん知られている意味ですが、**変化**を表す用法も重要です。
　The rain will turn **into** snow.（雨は雪に変わるだろう）など変化を表す動詞だけでなく、The captain divided the soldiers **into** two groups.（兵長は兵士たちを2つに分けた）など、ちょうど from（〜から）と反対の役割をします。

3 囮（おとり）

　団長グループが囮になって巨人をおびき寄せたところで仕留めるという陽動作戦を取ろうとしている場面です。
　置物のような、実物にかなり近い木彫りのカモを見かけたことはないでしょうか。decoy（デコイ）はもともと狩猟用に使われるもので、仲間と見せかけて獲物をおびき寄せます。

Attack on 英文法　語・句・節

　語は単語一語一語のことを表し、名詞・動詞・形容詞・副詞その他の品詞に分かれます。たとえば、**in, the, morning** はそれぞれ**語**です。2つ以上の語が集まってできた意味を成すかたまりである **in the morning** は**句**です。節というのは、さらにその中にS（主語）V（述語動詞）が存在するかたまりですが、ただし文としてはまだ完成していません。通常、接続詞で導かれます。**When you wake up in the morning**（君が朝目覚めるとき）は**節**です。英文の学習をするときは、語だけではなく、句や節というかたまりの意味と文中での役割に注目していくことが非常に大切です。

Scene 1-7

✗ Questions

1. 立体機動に移れ!!
   Switch (　　　) Vertical Maneuvering!!

2. vertical
   → 対義語は？

Answers

1. **to**

   switch は名詞では文字通り「スイッチ」ですが、動詞で「切り替わる、切り替える」として使うこともできます。
   switch to ～ や **switch A to B** のように、切り替えた結果は方向を表す前置詞 **to** を使って表します。
   似た意味で同じくカタカナ語でよく使われる shift（変える、移す）も **shift to ～** や **shift A to B** というように前置詞 **to** と組み合わせて使うので、併せて覚えておくと便利です。

2. **horizontal**

   vertical（縦の、垂直の）に対して **horizontal**（水平の）。これは horizon（水平線）の形容詞形ですが、horizon [həráizn]（ホライズン）に対して horizontal [hɔ̀(:)rəzántl]（ホリゾンタル）と発音が変わります。

Attack on 英文法　語・句・節をつなぐ前置詞・接続詞

　前置詞と**接続詞**は、文中で単独では使わずに、語と語や句と句をつないだり、また他の語句と結びついて新たなかたまり＝句や節を作って他の句や節とつないだり、というふうに、**さまざまな意味を添えながら連結する語句**です。

　よって、長い分や構造の複雑な文を読んだり書いたりするときに、この前置詞や接続詞の理解が必からんできます。

　前置詞は「前に置く」という名の通り、名詞・代名詞あるいは名詞の働きをする語句や節の前に置いてさまざまな意味を添えながら新たな句を作ります。次の２点が大変重要です。

①後に動詞を入れるときは、必ず動名詞に変えて入れる。
②日本語の助詞に近い役割をしているが、日本語訳に対応していないものも多く、**日本語の意味だけから類推すると間違いやすいものが多い。**

　接続詞には、語と語、句と句、節と節を等しい関係でつなぐ**等位接続詞**と、節と節を主従関係でつなぐ**従属接続詞**の２種類が存在しますが、特に後者の従属接続詞を理解することが重要です（pp.252-253参照）。

Scene 1-8

全方向から同時に叩くぞ!!

Scene 1-8

Scene 1-9

WHIZZ

FWOOOO

WHIZZ

WHIZZ

We strike at the same time from all directions!!

SHIK

FWOOOO

Attack on 英文法 **5文型**

I have a dream.
オレには夢がある

　日本語には助詞という大変便利な機能があって、たとえば「〜は（が）」がついていたら主語、「〜を」がついているものは目的語というふうに、文中のどこにあっても関係を正しく理解することができます。
　ところが英語では、助詞にあたるものがありませんので、何が主語で何が目的語であるかは、文中での位置で判断するのです。
　Titans eat the human race. ≠ The human race eat Titans.
　英文は、すべて5つの文型に分類することができます。これを**5文型**と呼び、1つの英文の中の単語と単語の関係を示しています。各文型は**述語動詞（V）**が中心となって、**主語（S：動作の主体となる）、目的語（O：動作の対象となる）、補語（C：主語や目的語の状態を補足する）**が組み合わされて出来ています。

① [第1文型]：S＋V（SがVする）
　Mom is at home!　母さんが（家にいる）!
　It's moving!　動くぞ！
　Sには常に名詞あるいは名詞の役割をする語句（動名詞など）が入ります。

② [第2文型]：S＋V＋C（SはCである）
　Then he looks intelligent.　やはりこいつには知性が（あるようだ）
　But this is my chance.　しかしチャンスだ
　Cにはintelligentのように形容詞やmy chanceのように名詞が入ります。
　この文型ではS＝C（he＝intelligent, this＝my chance）という関係です。

③ [第3文型]：S＋V＋O（SはOをVする）
　I'll protect you!　私はあなたを守る！
　Oには常に名詞あるいは相当語が入ります。
　S≠O（I≠you）の関係から、第2文型と区別をします。

④ [第4文型]：S＋V＋O_1＋O_2（SはO_1にO_2をVする）
　We'll teach them the power of humanity!
　ヤツらに人類の力を教えてやる！

⑤ [第5文型]：S＋V＋O＋C（SはOをCの状態にVする）
　They're calling you the most talented.
　それも逸材だとよ（彼らはお前を逸材と呼んでいる）
　常にO＝C（you＝the most talented）の関係になっています。

Scene 1-9

Questions

1. 同時に叩くぞ!!
   We strike (   ) (   ) (   ) (   )!!

2. 全方向から
   From all (   )

Answers

1 at the same time（同時に）

at *a* [*one*] time も可。ちょっと難しい語ですが、1語で **simultaneously** という語もよく使います。
▶ **simultaneous interpretation**：同時通訳

2 directions

「方向」のほかにも「命令、指揮」などの意味もあります。広く「方向を示す」というイメージです。映画監督や指揮者など、指示を出す人は director です。
また「〜の方向へ」は **in the direction of** 〜 というように、前置詞 to ではなく **in** を使います。
Armored Titan is charging **in the direction of** the gate.（鎧の巨人が門の方向に突進している）
方向そのものが到達地点ではなく、方向の中を進むイメージです。

Attack on 英文法　第1文型と修飾句

第1文型は、〈S + V〉だけで成り立つ最も単純な文型ですが、通常は**修飾句を伴う**ことが多いです。

We strike at the same time from all directions.
この文の文型について考えてみましょう。
まず、We strike（我々が叩く）の部分が 〈S + V〉 です。
その後の at the same time（同時に）というかたまり、from all directions（全方向から）というかたまりは、それぞれ、at や from という前置詞が導く修飾句です。2つとも「叩く」という動詞を修飾する副詞の役割を果たしているので、副詞句と呼びます。
文型を考えるとき、前置詞に導かれた修飾句は、一部例外を除いて、基本的にすべて文の要素からは外して考えます。
よって、この文は〈S + V〉の**第1文型**です。

Scene 1-10

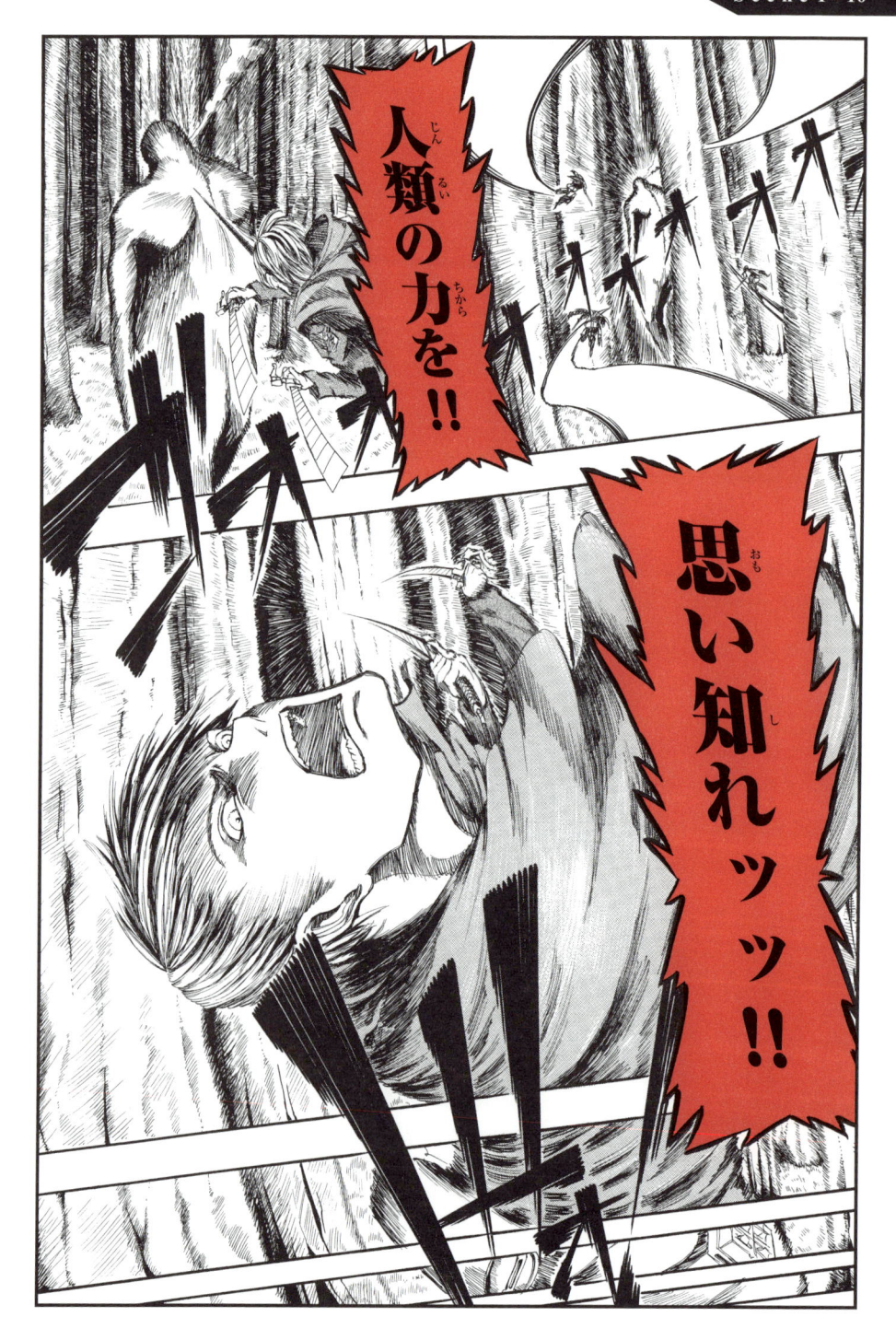

人類の力を!!

思い知れッッ!!

Scene 1-11

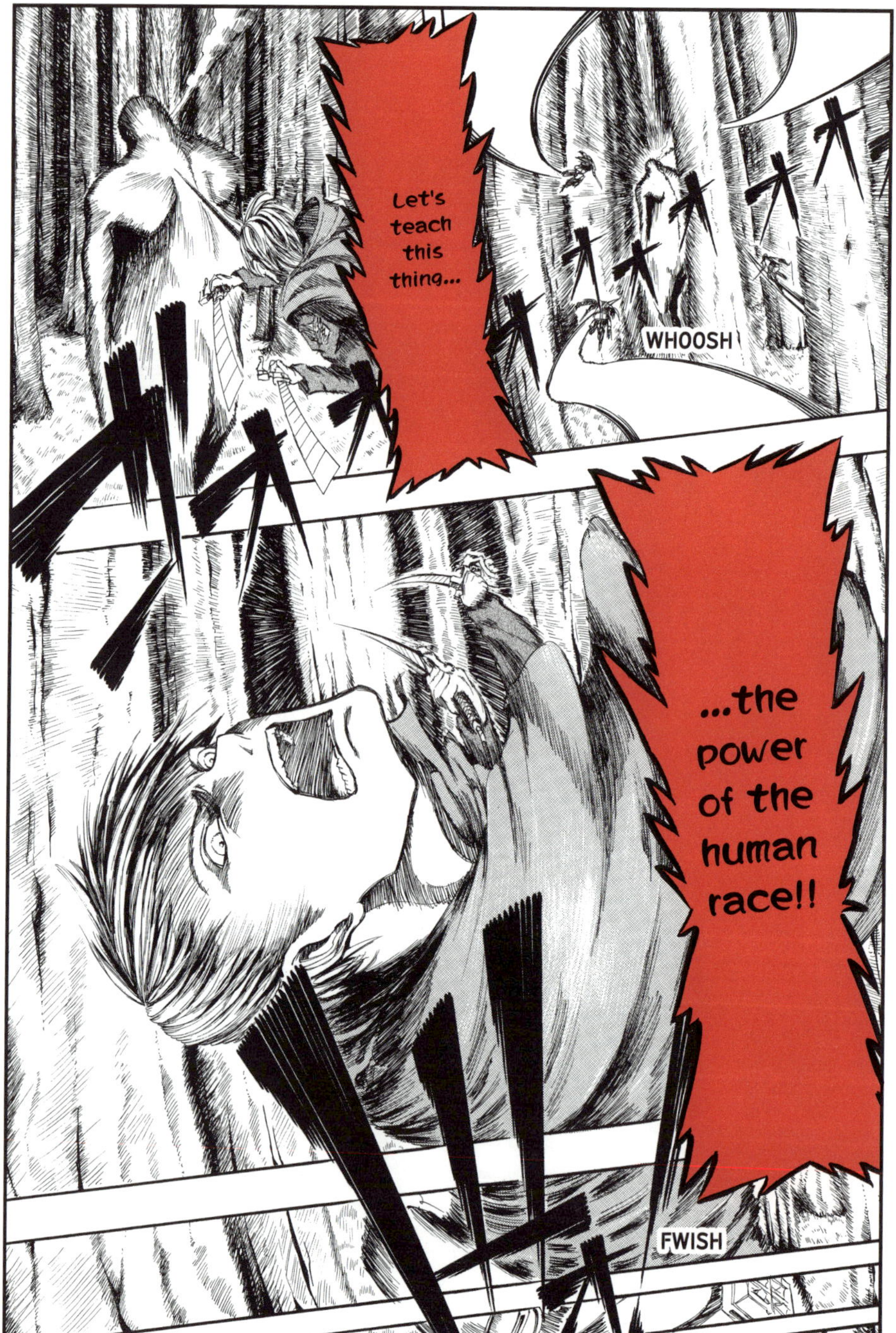
Let's teach this thing...
WHOOSH
...the power of the human race!!
FWISH

See you later...

...Eren.

Eren...

Eren!!

Mm...?

Wake up.

It'll get dark if we don't go home now.

...?

...Huh?

Questions

1 人類の力を!! 思い知れッッ!!
Let's teach this thing the power of the
(h　　　) (r　　　)!!

Answers

1 human race

race は、「競争」のほかに「**人種**」という意味があります。
racism（人種主義）、racist（人種主義者）という言葉も、時事用語として重要です。

teach O₁ O₂（O₁に O₂を教える）。このような文型を**第4文型**（p.40参照）といいます。
　ちなみに this thing が何を指すかわかりますか？　teach this thing の部分を見て「このことを教えてやろう」と解釈すると間違いです。第4文型ということを理解するとこの部分が「～に」にあたる部分だとわかりますね。誰に「人類の力」を教えるのか。そうです「巨人」です。「こいつに」くらいの意味でしょう。

Attack on 英文法　第4文型を作る動詞

　第4文型を作る動詞をあげる前に、まず第4文型は以下のような書き換えができることを、理解して下さい。
　⟨S＋V＋O₁＋O₂⟩ → ⟨S＋V＋O₂＋前＋O₁⟩
　つまり「O₁に O₂を」の部分を入れ換えることができるのですが、「O₁に」を後に置くときには前置詞が必要になってきます（前置詞がつくとすでに述語動詞の目的語ではなくなり、文型は第3文型に変化します）。
　We teach the Titans our power. → We teach our power to the Titans.
　さらに、ここで使う前置詞は動詞によって、to, for, of に分かれます。
　それぞれの前置詞を使う動詞のグループでまとめてみましょう。

① [to を使うもの]：相手の手元に何かが移動するイメージ
　give：与える / **teach**：教える / **tell**：告げる / **sell**：売る / **lend**：貸す / **show**：見せる / **hand**：手渡す / **pay**：支払う / **send**：送る、など
② [for を使うもの]：相手のために何かするイメージ
　buy：買う / **cook**：料理する / **make**：作る / **find**：見つける / **choose**：選ぶ / **get**：手に入れる / **leave**：残す、など
③ [of を使うもの]：「～について」というイメージ
　ask：頼む

Scene 1-11

Questions

1 いってらっしゃい
(　　　) (　　　　) later.

2 起きて
(　　　) (　　　　).

3 もう帰らないと日が暮れる
It'll get dark if we (　　　　) (　　　)
(　　　) now.

Answers

1 See you

英語には「いってらっしゃい」に相当する決まり文句は特にありません。出かけようとする人に声掛けするときには、たとえば、旅に出る人には **"Have a nice trip."**、重要な仕事や試験などに出かける人には **"Good luck!"** など、その場に応じた言葉をかけます。**"See you later."** は「じゃ、またね」「あとでね」という決まり文句です。

2 Wake up

▶ **wake up**：起きる、目が覚める、起こす
「モーニングコール」は和製英語で、正しくは **wake-up call** です。

3 don't go home

「家に帰る」は **go home**。前置詞 to は不要です。
▶ **get home**：家に着く / **drive home**：車で家に帰る / **on the way home**：家に帰る途中、など
「家に」の意味では、副詞 home として使います。
▶ study **at home**：家で勉強する / cook **at home**：自炊する、など
それに対して、「家で」の意味では、名詞 home「家」に前置詞 at（〜で）をつけた形になります。

Attack on 英文法　名詞と間違いやすい副詞

study at home の at home のように前置詞＋名詞の形は、日本語の「家で」という名詞＋助詞の形に近いので問題ないのですが、go home のように副詞 home の 1 語で「家に」となる形は、日本人が間違いやすいものです。home と同様に間違って**前置詞をつけてしまいやすい副詞**には、次のようなものがあります。

abroad：外国で / **overseas**：海外で / **here**：ここで / **there**：そこで / **upstairs**：階上で / **downstairs**：階下で / **indoors**：屋内で / **outdoors**：屋外で

ミカサ…
…お前…
髪が伸びて
ないか…？
………
そんなに寝ぼけるまで
熟睡してたの？
イヤッ…なんか
すっげー長い夢を
見ていた気が
するんだけど
………
…………
!!
何だったっけ
思い出せ
ねぇな…
エレン？
どうして
泣いてるの？
え…？

Scene 1-13

え…!?

845

Scene 1-12

...

Aww, when did your hair get so long...?

Mikasa...

...!!

No... But I feel like I just had the longest dream...

Were you really so sound asleep that you were still dreaming when you woke up?

What was it? Now I can't remember...

Eren?

FWOOOO

Why...

...are you crying?

Hm...?

really：本当に / still：まだ

Scene 1-13

Huh...?!

FWOOOO

845

Scene 1-12

⚔ Questions

1 そんなに寝ぼけるまで熟睡してたの？
Were you really (　　　) sound asleep
(　　　) you were still dreaming when you woke up?

2 なんかすっげー長い夢を見ていた気がするんだけど…
I feel (　　　) I just had (　　　) longest dream...

🐉 Answers

1 so, that

　sound asleep ですが、この場合の sound は asleep（眠って）という形容詞を修飾する副詞で「ぐっすりと」という意味を持ちます。
　また "A sound mind in a sound body."（健全な身体に健全な精神が宿る）のように、sound は形容詞として使うと「健全な」という意味を持ちます。
　▶ **so ~ that SV**：大変~なので……
　so sound asleep（とてもぐっすり眠っていた）の結果を that 以下で表しています。

2 like, the

　▶ **feel like SV**：~のような気がする、どうやら~らしい
　また、動名詞と組み合わせた feel like ~ing（~したい気がする）も重要表現です。
　longest は long の最上級。「（今まで見た中で）いちばん長い夢」は the longest dream で、「（いくつかある中の1つの）長い夢」は a long dream です。冠詞の違いに注目しましょう。最上級の形容詞のついた名詞は、どれと特定できるものなので、the をつけます。
　ただし、この文中の the longest dream は文字通り「いちばん長い夢」というよりも、「とても長い夢」というくらいの意味で使われています。

🟥 Attack on 英文法　冠詞 the

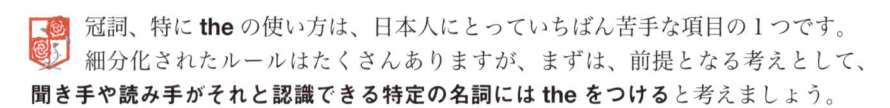

　冠詞、特に **the** の使い方は、日本人にとっていちばん苦手な項目の1つです。細分化されたルールはたくさんありますが、まずは、前提となる考えとして、**聞き手や読み手がそれと認識できる特定の名詞には the をつける**と考えましょう。

①話の中にすでに出てきていて、それと認識できる名詞
②状況からそれと認識できる名詞
③最上級の形容詞や **first / last**（最初の / 最後の）、**only**（唯一の）、**same**（同じ）
　などで修飾されて限定されている名詞
④1つしかないもの　the earth：地球 / the sun：太陽、など

Attack on Vocabulary
年号の表し方

845。意味のありそうな数字です。
ここでは、ストレートに年号と考えて、その読み方を覚えましょう。

①3桁以上の年号は、**100の位と10の位の間で区切って読みます。**
・845：eight (hundred and) forty-five
・1500：fifteen hundred
・1995：nineteen ninety-five

②次のような場合、**0（ゼロ）は oh と読みます。**
・1801：eighteen oh one

③21世紀になって、西暦年号の読み方が少し混乱しましたが、基本的に下記のように落ち着いています。
・2001〜2009：two thousand (and) one〜two thousand (and) nine
・2010, 2011〜：twenty ten, twenty eleven〜

ただし、これらは基本的な読み方で、国や人によって、若干読み方の習慣が違う場合もあります。

さてさて、845年は西暦の年号なのでしょうか？ それとも進撃の世界の特別な年号なのでしょうか。気になりますね。
ちなみに、日本も固有の年号の数え方を持った国です。英語で平成などの和暦の年号を言うときは（あまりないとは思いますが）、the 27th year of the Heisei era などとなります。

Scene 1-14

Scene 1-15

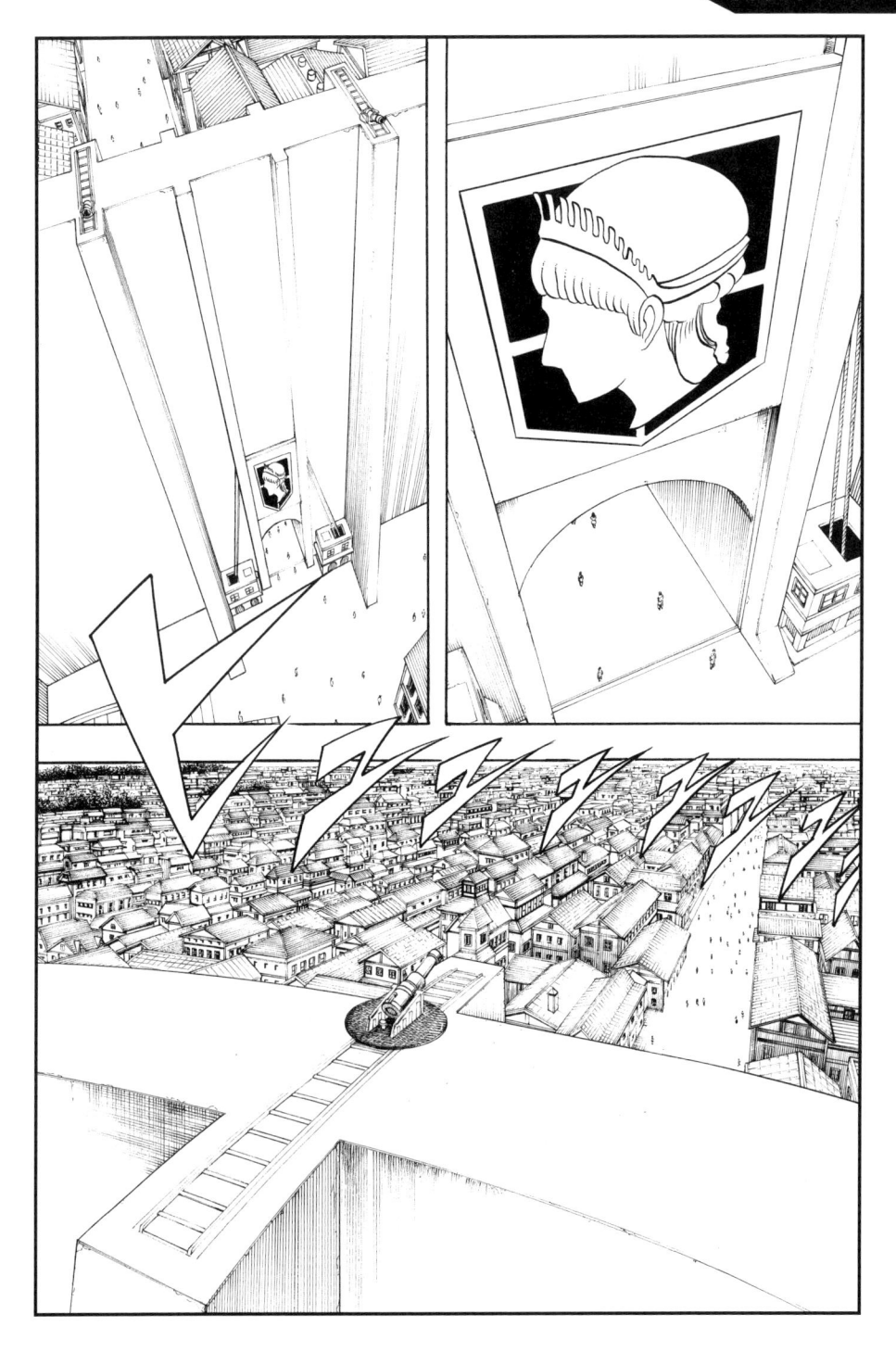

Scene 1-16

FWOOOO

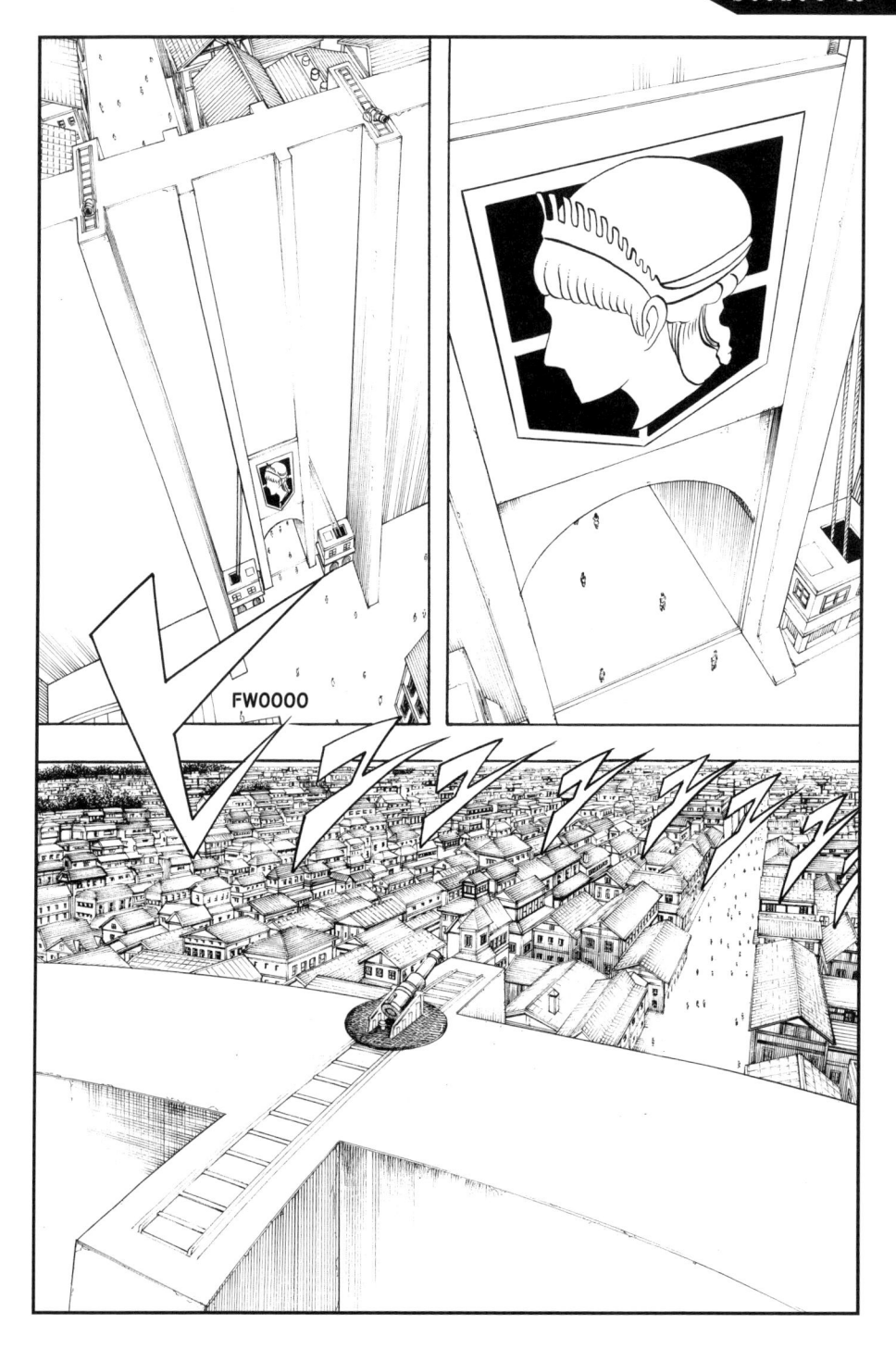

Scene 1-16

SNIFF

...

...

SNIFFLE

Don't tell anyone...

...that I was crying.

...I won't.

Why don't you have your dad examine you?

Don't be stupid! Like I can tell my old man about this?!

Crying for no reason...

!! LEAN

M-Mr. Hannes!

What are you crying about, Eren?

examine：観察する、検査する、試験する / stupid：愚かな

Attack on 英文法 **使役動詞**

Don't let this chance get away!!
これは好機だ絶対逃すな!!

  エレン

🌹 **have, make, let** は使役動詞と呼ばれ、後に〈**O＋原形不定詞（V原形）**〉を取り、「**O に～させる / してもらう**」という意味になります。

Why don't you **have your dad examine** you?　一度おじさんに診てもらったら？
What **makes you think** I'm crying?
なんでオレが泣くんだよ？（＝何がお前に～と思わせるんだ？）
make を使うと「～させる」と、より**強制的**なニュアンスが出ます。

I won't **let you do** anything as foolish as joining the Survey Corps.
駄目だからね調査兵団なんてバカなマネ（お前に～なんてことはさせないからね）
let も「～させる」と訳しますが、make のように強制的に「～させる」のではなく、（やりたいと思っていることを）**自由**に「～させる」です。
それぞれ、「O が～する状態を持つ / 作る / 許す」と理解するとよいと思います。

O の後に分詞を置くこともあります。

〈**have ＋ O ＋ Ving**〉は「O に～させておく」となります。
I don't want to **have the Titan invading** our town any more.
巨人をこれ以上町に侵入させておきたくない
let や make にはこの形はありません。

〈**have ＋ O ＋ Vpp**〉は「O を～させる / してもらう」という受動の関係になります。
My grandpa **had the book hidden** away!　じいちゃんが隠し持ってたんだ
have の後が the book is hidden away（その本が隠されている）という受動の関係になっています。

また〈**get ＋ O ＋ Vpp**〉もよく使います。
All I did was **get my soldiers killed**.　ただいたずらに兵士を死なせた
やはり、get の後は my soldiers were killed（兵士が殺された）という関係です。
let にはこの形はありません。

〈**make ＋ O ＋ Vpp**〉は次のような慣用表現に限られます。
① **make oneself understood**：自分の言うことを理解してもらう
② **make oneself heard**：自分の言うことを相手に聞いてもらう

Scene 1-16

🗝 Questions

1 言うなよ…誰にも オレが泣いてたとか…
Don't tell (　　　) that I was crying.

2 理由もなく涙が出るなんて
Crying (　　　) no reason...

3 一度おじさんに診てもらったら？
(　　　) don't you have your dad (examine / examining / examined by) you?

🐴 Answers

1 anyone

　tell の後に that 節を置くときは、間に必ず話す相手を目的語として置かなければなりません。それに対して say は that 節を直後に置くか、あるいは to 人 that 節の形で置きます。
▶ **tell 人 that SV**：人に〜と話す
▶ **say (to 人) that SV**：(人に) 〜と言う

2 for

　reason (理由) と組み合わせる前置詞は for。以下のように修飾語をつけて、広く応用できます。
▶ **for some reason**：ある理由で / **for good reason**：正当な理由で / **for other reason**：別の理由で / **for health reasons**（必ず複数）：健康上の理由で、など

3 Why, examine

▶ **Why don't you 〜**：〜したらどうですか？
▶ **have O V原形**：O に〜してもらう / させる
　この have は前ページで触れた**使役動詞**です。「O が〜する状態を持つ」と考えればわかりやすいですね。おじさん（エレンのお父さん）が examine（診察）する関係だから、原形で置きます。

Attack on 英文法　動詞tellの使い方

　tell, talk, speak, say は、伝達動詞とも呼ばれますが、それぞれ使い方が異なります。特に **tell** は以下のような形で、伝達すべき情報とそれを伝える人を後ろに置きます。

①[内容を持った名詞を (人に) 話す]　tell (人) a lie：嘘をつく / tell (人) the truth：本当のことを言う / tell (人) the secret：秘密を打ち明ける、など
②[人に〜について話す]　tell 人 about / of 事柄
③[人に〜するように言う]　tell 人 to V
④[人に S が〜すると話す]　tell 人 that SV

ミカサに何か怒られたのか?
は!? なんでオレが泣くんだよ! …って
酒くさ!!
!!
え……!?
また… 飲んでる…
お前らも一緒にどうだ?
イヤ…あの… 仕事は?
おう! 今日は門兵だ!

一日中ここにいる
わけだから やがて
腹が減り喉も渇く
飲み物の中に たまたま
酒が混じっていたことは
些細な問題にすぎねぇ
そんなんで
イザッて時に
戦えんの!?
……
イザッて時って
何だ?
………!!
何言ってんだよ
決まってんだろ!
ヤツらが
壁を壊して!!
街に入って
来た時だよ!!

Scene 1-17

!!

You reek of liquor!!

Huh?! What makes you think I'm crying?!

Did Mikasa get mad at you for something?

BLEGH

Would you two like to join in?

Drinking again...

What the...?!

Oh! We're on gate duty today.

No... Um... What about your work?

reek of 〜：〜の匂いがする / liquor：酒 / join：参加する / What about 〜?：〜はどうですか？、〜はどうしましたか？ / gate：門

Scene 1-18

But in an emergency, would you be able to fight drunk?!

What's the big deal if liquor happens to be among the rations sometimes?

WOBBLE

We get hungry and thirsty, hanging out here all day.

What kind of emergency?

...

...and invaded the town!!

I'm talking about if they broke down the wall...

...!! I don't believe this! It's obvious!

TWITCH

in an emergency：緊急の場合、いざというときは / what kind of：どんな種類の / obvious：明らかな / invade：（武力で）侵攻する、（害のあるものが）侵入する

Questions

1 ミカサに何か怒られたのか？
Did Mikasa get mad (　　　) you (　　　) something?

2 なんでオレが泣くんだよ！
(　　　) makes you think I'm crying?!

3 お前らも一緒にどうだ？
(　　　) you two like to join in?

4 今日は門兵だ！
We're (　　　) gate duty today.

Answers

1 at, for

▶ **get** *mad* [*angry*] **at**：（人）に対して怒る（**for ～** で、その理由を表します）

2 What

make は「（人）に〜させる」という**使役動詞**（p.58参照）です。**What makes 人 V 原形？**を直訳すると「何が（人）に〜させるのか」となります。このような表現を**無生物主語構文**といいますが、本来日本語にはない表現で、直訳すると不自然な日本語になります。通常「なぜ（人）は〜するのか」と訳します。

3 Would

▶ **would like to V**：〜したい
これは want to V より丁寧な言い方です。want はかなり強い表現ですので、ガツガツしているようなニュアンスを避けたいときには、would like を使った方がよいでしょう。
would like は want とまったく同様の使い方ができます。
▶ **would like O**：O が欲しい / **would like to V**：〜したい / **would like O（人）to V**：O に〜して欲しい、など

4 on

この前置詞 **on** は「〜に従事して」という意味で使われます。対義語は **off**（〜から離れて）ですが、仕事と休みを表すときに、「オン」「オフ」と言いますね。
duty は「義務、職務」のほか、**duty free shop**（免税店）などで使うように「税（金）」という意味もあります。

Scene 1-18

❋ Questions

1 一日中ここにいるわけだから やがて腹が減り喉も渇く
We get hungry and thirsty, (hanged / to hang / hanging) out here all day.

2 飲み物の中に たまたま酒が混じっていたことは些細な問題にすぎねぇ
What's the big (d   ) if liquor (   ) (   ) be among the rations sometimes?

3 ヤツらが壁を壊して!! 街に入って来た時だよ!!
I'm talking about if they (break / broke) down the wall and (invade / invaded) the town!!

❋ Answers

1 hanging

〈カンマ＋現在分詞〜ing〉の部分は、「〜しながら、〜の状態で」と訳せばわかりやすいです。**分詞構文**（p.88参照）といって、時・条件・状態などの意味を添えて、主節を修飾する役割をします。
　hang out は「（外側に）垂れ下がる」よりも、会話では「ぶらつく、（場所）に入り浸る」などの意味でよく使います。"Let's **hang out** tonight!"（今夜遊ぼうよ）はよく使う表現です。

2 deal, happens to

　big deal はもともと「大きな取引」という意味ですが、**"(It's) not a big deal."**（たいしたことない）、**"What's the big deal?"**（それがどうした）など、決まり文句になっています。
　▶ **happen to V**：たまたま〜する
　rations は「（割り当てられた、支給される）食糧」という意味なのですが、兵団から支給される食べ物や飲み物に「たまたま」酒が入っているか、怪しいものですね。

3 broke, invaded

　この時点では、実際まだ巨人は壁を破って入って来ていないどころか、多くの人たちは巨人が高さ50ｍの壁を破って入って来るなんてあり得ないことだと思っています。そんな状況で「もしヤツらが壁を壊して街に入って来たら」という現実ではあり得ない「イザッて時」を想定して話している場面です。このようなときに使うのが**仮定法過去**（p.234参照）で、仮定している部分の動詞の時制を過去にずらして表します。
　その前のエレンのセリフ "But in an emergency, **would** you be able to fight drunk?!" で **would** が使われているのも同じ理由です。

おいエレン！急に大声出すんじゃねぇよ…
ハハハ…元気がいいな医者のせがれ!!
ヤツらが壁を壊すことがあったら そらしっかりやるさ
しかしな
そんなこと100年間で一度もないんだぜ
で…でも！そーやって安心している時が危ないって
父さんが言ってたんだ!!
まぁ…確かにそうかもな
街の恩人のイェーガー先生には頭が上がらねぇんだけど…
でもなぁ…
兵士になれば壁の補強作業とかで壁の外をうろつくヤツらを見かける機会があるんだが…

Scene 1-20

ヤツらに この50mの壁を どうこう出来るとは 思えねぇんだ

それも悪くねぇ!

なっ…なんだよ!! もう「駐屯兵団」なんて名乗るのやめて「壁工事団」にしろよ!!

ねぇな!

じゃあ そもそもヤツらと戦う覚悟なんかねぇんだな!?

しかしな エレン…

兵士が活躍するってことはそれこそ最悪の時だ…

オレ達が役立たずの「タダメシ食らい」って馬鹿にされてる時の方がみんなは平和に暮らせるんだぞ?

……!!

Scene 1-19

...that hasn't happened in a hundred years!

But I tell ya...

If the bastards break through the wall, we'll be on top of the situation.

Hahaha... The doctor's son has spirit!

Hey, Eren! Don't suddenly raise your voice like that...

RING

I'm not gonna second-guess Dr. Yeager, this town's benefactor.

But y'know...

Well... You may be right.

My father says so!!

B-But it's dangerous to feel at ease like this!

When you become a soldier, you get your chance to see 'em, hanging around outside the wall while you're on wall defense duty or whatever...

on top of ～：～をうまく処理して / situation：状況 / feel at ease：のびのびする、気持ちが安らぐ / second-guess：後でとやかく言う / defense：防衛、防御

Scene 1-20

...and I just can't picture 'em even putting a dent in this 50-meter fortress.

That ain't a bad idea either!

W-What the hell?! So stop calling yourselves a "Garrison" and make it the "Wall Construction Corps" instead!

Nope.

Then you're not even prepared to fight 'em in the first place, are you?!

On the other hand, when the guys and I are mocked as good-for-nothing sponges, that tells you we're all livin' in a time of peace, am I right?

You have soldiers on active duty when the situation has gone to hell...

But Eren...

...

---

dent：くぼみ、へこみ / fortress：要塞、とりで / in the first place：まず第一に、そもそも / construction：建造、建設 / active：活発な / on active duty：(現役で、現地で) 服務している / on the other hand：他方で / mock：あざ笑う、まねをする、模造品 / good-for-nothing：何の役にも立たない / sponge：(スポンジ →) 大食漢、大酒飲み

Scene 1-19

✑ Questions

1 急に大声出すんじゃねぇよ…
Don't suddenly（r　　　）your voice like that...

2 （　　　）がいいな 医者のせがれ!!
The doctor's son has spirit!

3 そーやって安心している時が危ないって
（　　　）dangerous to feel at ease like this!

4 壁の外をうろつくヤツらを見かける
see 'em*,（hanging / to hang）around outside the wall
（＊'em ＝ them　cf. p.82）

🐉 Answers

1 raise

▶ **raise** your hands：手を上げる / **raise** an eyebrow：片眉を上げる / **raise** the price：価格を上げる、など
また、「育てる」という意味で **raise** a child があります。

2 元気

▶ spirit：生命力、精気
また、「〜精神」にもこの語を使います。
▶ **spirit** of challenge：チャレンジ精神 / **spirit** of democracy：民主主義精神、など

3 It's

この it は**形式主語**といいます。to feel at ease like this の部分が本来の主語なのですが、英語では、主語が重くなってしまうことを嫌うので、このように it を形式的に置いて結論を述べてから、後でゆっくり主語を説明するのです。
To feel at ease like this is dangerous. → **It's** dangerous **to feel at ease like this**.
いかがですか？　後者の方がすっきりしていますね。

4 hanging

see（見る）、**hear / listen to**（聞く）などの動詞を**知覚動詞**と呼び、後に〈**O ＋ V原形**〉と続けて「O が〜するのを見る / 聞く」、〈**O ＋ Ving**〉で「O が〜しているのを見る / 聞く」、〈**O ＋ Vpp**〉で「O が〜されるのを見る / 聞く」という意味を表します。
ここでは目的語である 'em（＝ them ＝ Titans）が「うろついている」のを見るという関係なので、現在分詞 hanging around の形にします。

Scene 1-20

Questions

1 ヤツらにこの50mの壁をどうこう出来るとは思えねぇんだ
I just can't picture 'em even (putting / put) a dent in this (50-meters / 50-meter) fortress.

2 じゃあ そもそもヤツらと戦う覚悟なんかねぇんだな!?
Then you're not even (p   ) to fight 'em in the first place, (   ) you?!

3 もう「駐屯兵団」なんて名乗るのやめて「壁工事団」にしろよ!!
So stop (   ) yourselves a "Garrison" and make it the "Wall Construction Corps" instead!

4 それも悪くねぇ！
That ain't a bad idea, (   )!

Answers

1 putting, 50-meter

picture はここでは「思い描く」という動詞です。**see O Ving**（O が～しているのを見る）、**hear O Ving**（O が～しているのを聞く）などの知覚動詞の表現と同様に **picture O Ving**（O が～しているのを思い描く）と使うことができます。

meter（メートル）は可算名詞なので通常50 meters と複数形にしなければならないのですが、このように数詞と名詞をハイフンでつないで別の名詞を修飾する場合、単数形のままです。
▶ a **five-year-old** boy：5歳の男の子

2 prepared, are

▶ **be prepared to do**：～する準備ができている、～する心構えができている
", are you?" の部分は**付加疑問文**（p.95参照）といって、同意や確認を求める表現です。

3 calling

「～するのをやめる」というときは、stop の後に置く目的語となる動詞は不定詞 to V ではなく**動名詞 Ving** の形にします。

4 either

「～も」は**肯定文**では文末に ", too" をつけますが、**否定文**では ", either" となります。

ハンネスの言う通りだ
まったく…壁の外に出ようっていう「調査兵団」の連中の気が知れねぇ…
!!
勝手に戦争ごっこに興じてろってな!!
……!!
一生壁の中から出られなくても……
メシ食って寝てりゃ生きていけるよ…でも…それじゃ…
まるで
家畜じゃないか…
…けっ
おかしなヤツだな…
…!!
まさかあいつ…
調査兵団に入りたいのか…?

Scene 1-22

…エレン

……

調査兵団はやめた方がいい

オマエも調査兵団をバカにすんのか!?

なんだよ……

……

……

バカにするとかそういう問題じゃ

Scene 1-21

But if they wanna have fun playing war, let 'em, I say!!

Hell... I can't understand those guys in the Survey Corps who wanna go outside the wall!

It's just like Hannes says.

...

!!

...isn't that...

We don't have to go outside the wall for our whole lives...

...like being a caged animal?

We can eat, sleep and survive just fine here... But...

Don't tell me...

...he wants to join the Survey Corps?

...

Pfft...

What a crackpot...

for one's whole life：一生の間 / survive：生き残る

Scene 1-22

WHISPER

Eren...

...

You gonna laugh at the Survey Corps too?!

What...?!

...

You should change your mind about joining the Survey Corps...

!!

CLANG CLANG CLANG

Whether I'm laughing at them...

...isn't the issue.

!!

Scene 1-21

❌ Questions

1 壁の外に出ようっていう「調査兵団」の連中の気がしれねぇ…
I can't understand （　　　） guys in the Survey Corps （　　　） wanna go outside the wall!

2 勝手に戦争ごっこに興じてろってな!!
If they wanna have fun (for playing / to play / playing) war, let 'em, I say!!

3 でも…それじゃ…まるで家畜じゃないか…
But isn't that （　　　） being a caged animal?

Answers

1 those, who

　関係代名詞 who（p.182参照）に導かれた who wanna go outside the wall の部分が先行詞 guys（in the Survey Corps）の修飾をしています。those は特に意味はありませんが、先行詞にしばしばついて、**those ～ who ～** というように用いられます。

2 playing

　▶ **have fun = enjoy**：楽しむ / **have fun Ving = enjoy Ving**：～をして楽しむ
　enjoy は目的語に動名詞を取る動詞なので、その書き換えと考えるとわかりやすいです。

3 like

　この like は「好き」という動詞ではなく「**～のように**」という前置詞です。前置詞ですから、後に be（a caged animal）という動詞を入れるには being（a caged animal）と動名詞にします（p.17参照）。

Attack on 英文法　目的語に動名詞を取る動詞

　🌹 目的語に動詞を入れるときに、不定詞は入れず、**動名詞のみを入れる動詞**があります。動名詞の持つ**実際に行う（行った）動作**というイメージと相性がよいからです。

admit：認める / **avoid**：避ける / **consider**：よく考える / **deny**：否定する / **enjoy**：楽しむ / **escape**：避ける / **finish**：終える / **imagine**：想像する / **mind**：嫌がる / **miss**：し損なう / **practice**：練習する / **quit**：やめる / **stop**：やめる / **suggest**：提案する / **give up**：諦める / **put off**：延期する、など

Scene 1-22

❌ Questions

1 調査兵団はやめた方がいい…
You should (c   ) your (m   ) about (j   ) the Survey Corps...

2 オマエも調査兵団をバカにすんのか!?
You gonna laugh (   ) the Survey Corps, too?!

3 バカにするとかそういう問題じゃ
(W   ) I'm laughing (   ) them isn't the issue.

🏇 Answers

1 change, mind, joining

▶ **change one's mind**：気が変わる、考えを変える
「〜に対する」を後に置くときは前置詞 about が通常使われます。後ろに動詞 join を入れる場合はもちろん動名詞に変えますね。
▶ **join**：〜に参加する / 加入する
通常、他動詞として使いますので、「〜に」の部分は in や into などの前置詞が不要です。

2 at

▶ **laugh at 〜**：〜のことを笑う、笑いものにする

3 Whether, at

接続詞 **whether** は、①「〜かどうか」という意味で主語や目的語あるいは補語になる名詞節を作ったり、②「〜であろうとなかろうと」という意味で譲歩を表す副詞節を作ったりします。
whether 〜 or not や **whether A or B** という形になることもあります。
この文は次のように形式主語を使って書き換えることができます。
It isn't the issue **whether** I'm laughing at them.
また、isn't the issue の「〜は問題ではない」の部分を doesn't matter に書き換えた表現もよく使います。
＝ **It doesn't matter whether** I'm laughing at them.

調査兵団が帰ってきたんだ!!

正面の門が開くぞ!

…英雄の凱旋だ…!!

行くぞミカサ!

Scene 1-24

クソー
人垣(ひとがき)で
見(み)えねー

Scene 1-23

CLANG

CLANG
CLANG
CLANG

CLANG

The front gate's opening!

The Survey Corps is coming!!

GRAB

CLANG

Let's go, Mikasa!

...The heroes are back...!!

DASH

Scene 1-24

CREAK

Shit! I can't see with all the people!

MUMBLE MUMBLE MUMBLE

RUSTLE MUMBLE

TATA

MUMBLE

Scene 1-23

🛡 Questions

1 正面の門が開くぞ！
The (　　　) gate's opening!

2 英雄の凱旋だ…!!
The heroes are (　　　)...!!

🦄 Answers

1 front

ホテルの「フロント」は和製英語で、正しくは **front desk** です。

2 back

「凱旋」難しい言葉です。パリにある「凱旋門」は "the Arc de Triomphe（Arch of Triumph）" というように本来 triumph（勝利）をあてますが、ここではそれほど大げさな言葉を使わず、be back 程度で十分ですね。

Attack on Vocabulary
口語英語の短縮形について

🛡 ハンネスのセリフにたくさん短縮形が使われていますね。酔っぱらっているので特にカジュアルな口ぶりがぴったりです。**口語英語では短縮形が好んで使われます**。ただし、ビジネスメールなどフォーマルな文章にはふさわしくない場合もありますので注意しましょう。

① **n't = not**：ain't（= am not）, aren't, isnt, haven't, hasn't
② **'s = is, has**：there's, that's, he's, she's, it's, who's, what's
③ **'ve = have**：I've, you've, we've, they've, could've, should've, would've
④ **'d = had, would**：I'd, you'd, he'd, she'd, it'd, we'd, they'd, who'd
⑤ その他：'cause（= because）, 'cos（= because）
　　　　　'em（= them）, 'im（= him）, 'n'（= and）, -in'（= -ing）
　　　　　gimme（= give me）, gonna（= going to）, gotcha（= got you）,
　　　　　gotta（= got to）, kinda（= kind of）, wanna（= want to）,
　　　　　ya（= you）

Attack on 英文法　分詞の形容詞的用法

But isn't that like being a caged animal?
でも…それじゃ…まるで家畜じゃないか…

〔エレン〕

分詞には現在分詞と過去分詞がありますが、現在や過去といった時制のイメージよりも、**現在分詞＝能動**（～する / している）、**過去分詞＝受動**（～された / されている）、完了（～してしまった）というイメージでとらえてください。

分詞は、文中で形容詞のように使うことができますが、まずは、名詞を修飾する用法［**限定用法**］についてまとめます。

①［分詞 1 語で修飾するときは修飾する名詞の前に置く］
  a **fighting** soldier　戦う兵士
  a **caged** animal　家畜

それぞれ、修飾する名詞との関係は、兵士＝戦っている［能動］、動物＝おりに囲われている［受動］の関係になるので、fight → fighting［現在分詞］、cage → caged［過去分詞］に変えて修飾します。

②［分詞＋αの 2 語以上の句で修飾するときは修飾する名詞の後に置く］
  the Titans **invading the town**　街に侵入する巨人
  the town **invaded by the Titans**　巨人に侵入された街

次に、補語として置く用法［**叙述用法**］についてまとめます。

①［SVC］
  The boy kept **saying that he would join the Survey Corps**.
  少年は調査兵団に入るんだと言い続けた
  The wall remains **broken by the Titan**.
  壁は巨人に壊されたままだ
  S との関係が「～している」は現在分詞、「～されている」は過去分詞で置きます。

②［SVOC］
  The boy found his mom **lying under the fallen pillars**.
  少年は母さんが倒れた柱の下に横たわっているのを見つけた
  The boy wanted his house **undamaged by the crash of the wall**.
  少年は自分の家が壁の崩壊によって損害を受けていないことを願った
  O との関係が「～している」は現在分詞、「～されている」は過去分詞で置きます。

Scene 1-25

Scene 1-26

……!!

これだけしか帰ってこれなかったのか…

今回もひどいな…

……

100人以上で調査に向かったハズなのに…

20人もいないぞ……みんな……食われちまったのか…

ブラウン!!
ブラウン!!
!!

あの…息子が…ブラウンが見当たらないんですが…

息子は…どこでしょうか…!?

Scene 1-25

MUMBLE

MUMBLE

MUMBLE

MUMBLE

Scene 1-26

Looks like another massacre this time...

Are these the only ones who made it back?

...!!

MUMBLE MUMBLE MUMBLE

...there are less than 20 people here... Did the rest... get eaten?

...

Even though over 100 of them set out on the survey...

MUMBLE MUMBLE

Where is my son...?!

Excuse me ... my son ... I don't see my son, Braun, here...

Braun !!

Braun !!

!!

set out on ～ :～に出発する / rest：休息、休養、残りのもの

Attack on 英文法 　分詞構文

We get hungry and thirsty,
hanging out here all day.
一日中ここにいるわけだから、やがて腹が減り喉も渇く

ハンネス

分詞構文とは、分詞を利用して、さまざまな状況を足し添える表現です。

when（〜するとき）、if（もし〜ならば）、because（〜なので）、though（〜にもかかわらず）、as（〜なので、〜するとき、〜ながら）や and（そして〜）などの接続詞の意味を補って読むこともできます。

能動態の場合、現在分詞を使います。
The Garrison reinforces the walls, **protecting all of the towns**.
＝ The Garrison reinforces the walls, **and protects all of the towns**.
駐屯兵団は壁の強化に努め、各街を守る

元の文が受動態の場合、過去分詞を使います。
Most of them went straight into a Titan's stomach, **swallowed whole**.
＝ Most of them went straight into a Titan's stomach **after they were swallowed whole**.
そのほとんどがそっくりそのまま（丸呑みされて）巨人の胃袋に直行した

文頭に置くこともできます。
Or **given the choice**, would you rather stay here?
それでも（選択肢を与えられても）ここに残るのか？

分詞構文は少し文語的な表現なので、通常英文を書くときは、普通に接続詞を使って書いた方が好ましいと思われます。それでも、ここに出てくるように、実際の英文にはしばしば使われていますので、接続詞の意味を補いながら読むと理解しやすいと思います。

特に、本書では、かなり分詞構文が使われています。古めかしい硬めの表現で物語の設定や空気感に合わせる効果を狙っているのでしょうか。

Scene 1-26

Questions

1 これだけしか帰ってこれなかったのか…
Are these the only ones who (made / came / got) it back?

2 今回もひどいな…
Looks like (a　　　) massacre this time...

3 100人以上で調査に向かったハズなのに…20人もいないぞ…
(　　　)(　　　) over 100 of them set out on the survey, there are (　　　)(　　　) 20 people here...

4 みんな…食われちまったのか…
Did the rest get (　　　)?

Answers

1 made

「帰る」とあるからといって、came や got を選んでしまうと it が不必要ですね。
make it back で「(何とか無事に) 帰ってくる」という表現になります。
make it back alive として「(何とか) 生きて帰ってくる」としてもいいですね。
調査兵団が命からがら帰ってきた様子を表すには come back よりもぴったりな表現です。
make it だけで「うまくやりとげる、なんとか辿り着く、間に合う」という意味があります。

2 another

another は「もう1つの」という意味です。**another** massacre で「また大虐殺だ」です。
▶ **another** cup of tea：お茶をもう1杯 / **another** idea：別の考え
「1つ」という意味より「また別の」の意味に重点が置かれるようで、後にくる語は単数名詞とは限りません。
▶ **another** 10 days：もうあと10日

3 Even though, less than

▶ **even though〜**：〜にもかかわらず
▶ **less than〜**：〜より少ない、〜未満の ⇔ more than〜：〜より多い

4 eaten

eat → be eaten というふうに、「〜される」は通常〈be＋過去分詞〉で**受動態**（p.176参照）にしますが、get eaten のように〈**get＋過去分詞**〉で表すこともしばしばあります。be 動詞を使った場合より動きが出ますね。

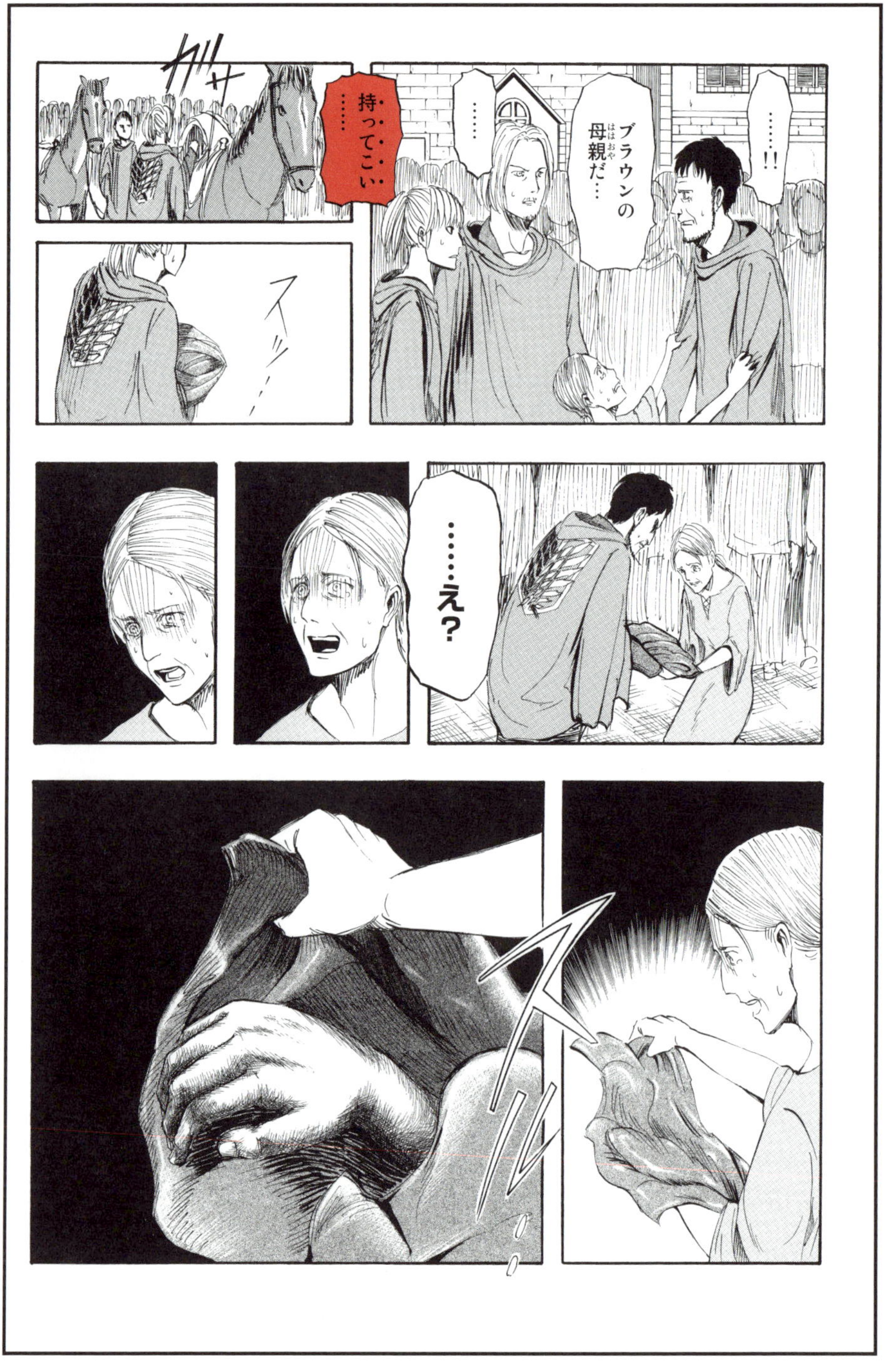
ガリャ
……!!
ブラウンの母親だ…
……
……持ってこい
スッ…
……え?

Scene 1-28

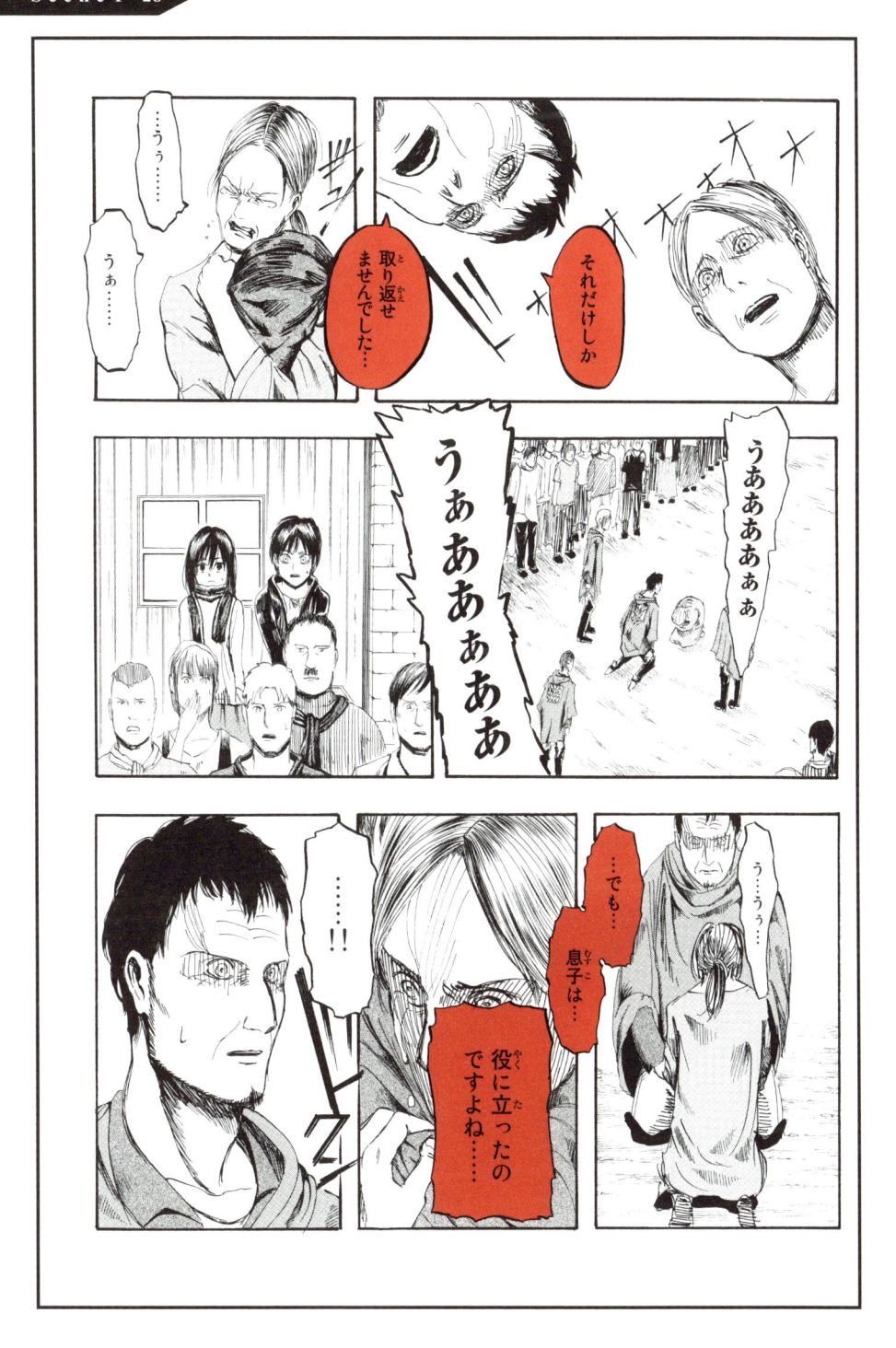

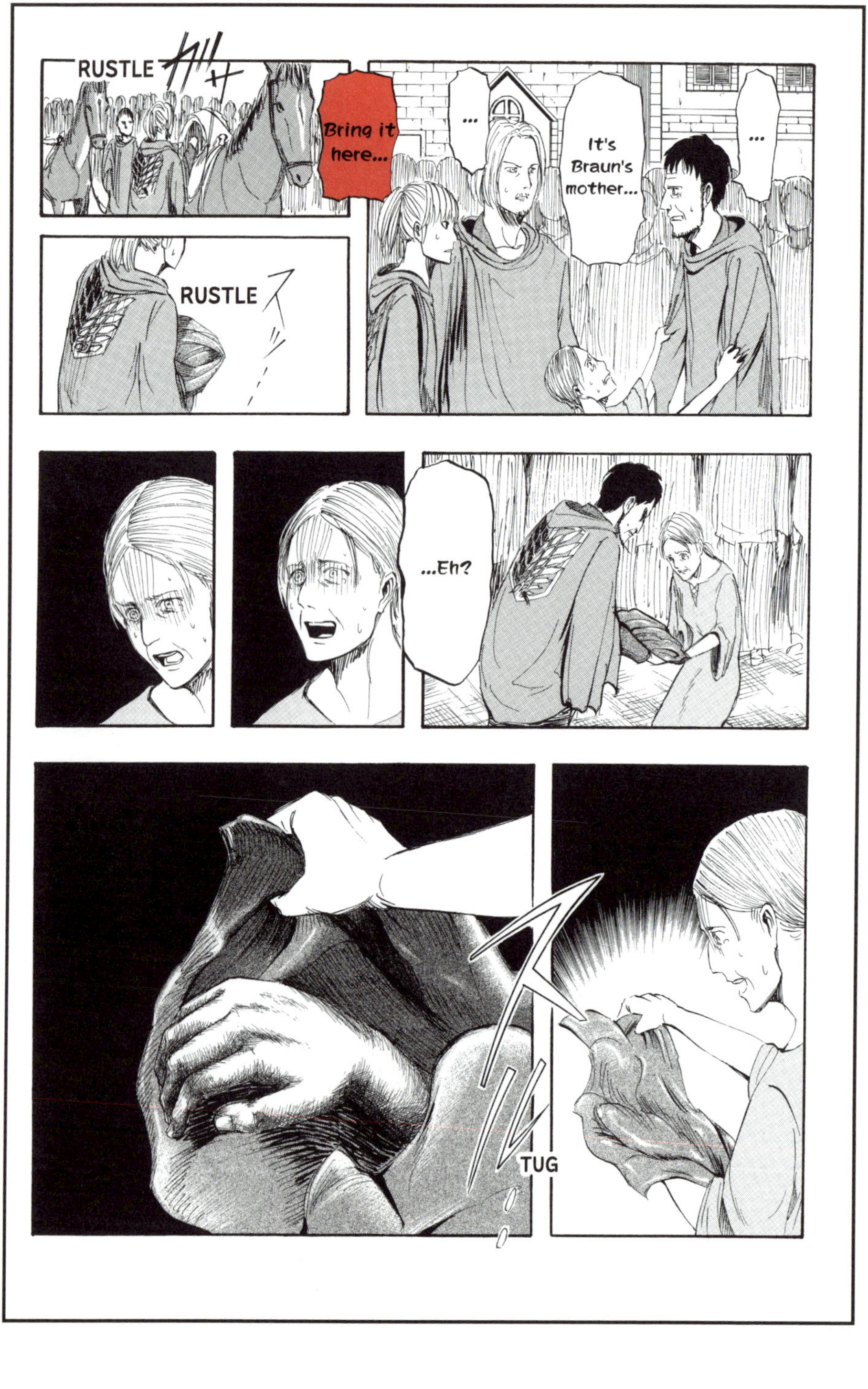
RUSTLE
Bring it here...
...
It's Braun's mother...
...
RUSTLE
...Eh?
TUG

Scene 1-28

...Uhn...

waa...

SQUEEZE

...we were able to get back.

DOOOOO

That's all...

Waaaagh!

Waaaagh!

...

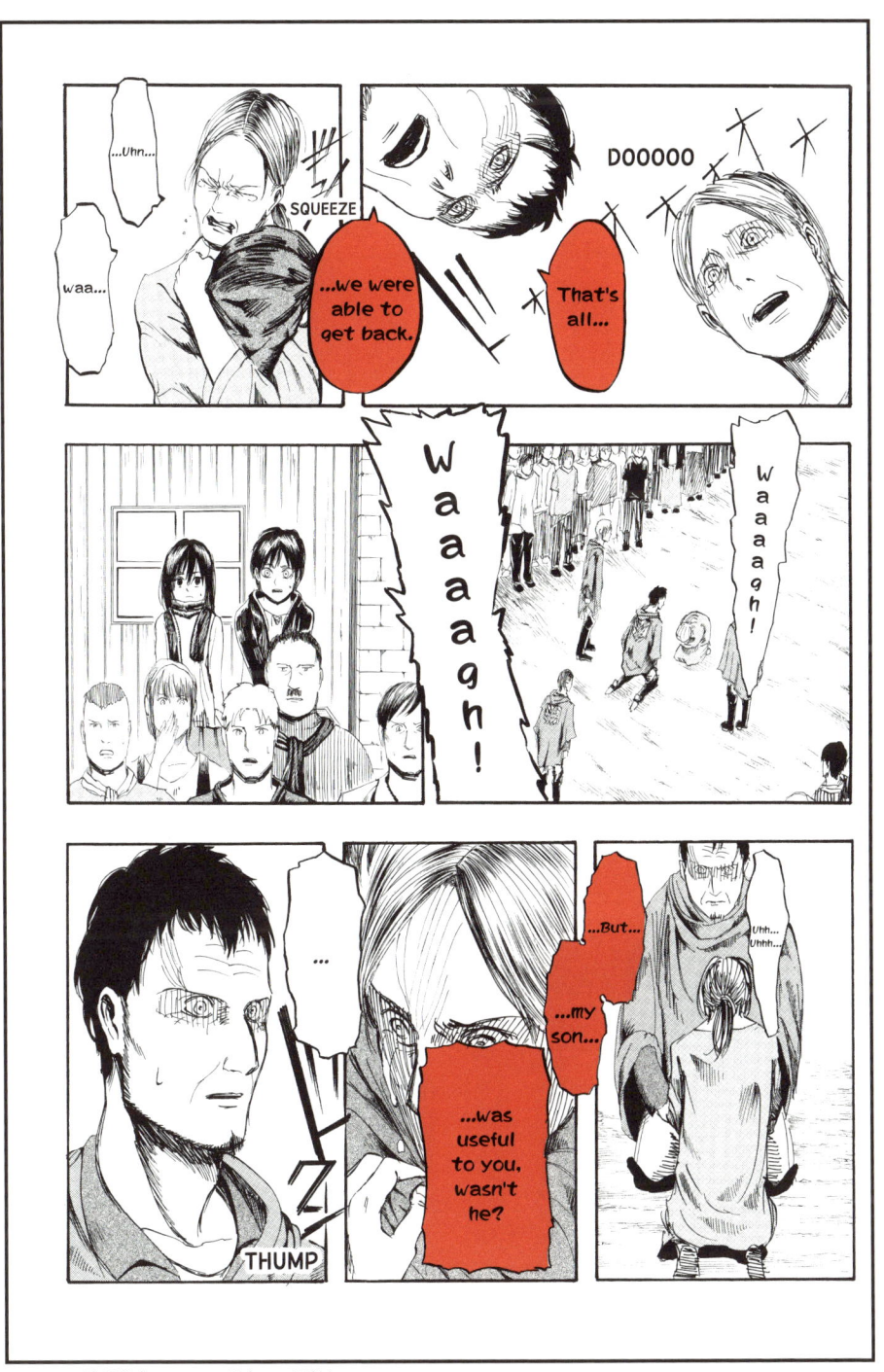

...But...

...my son...

...was useful to you, wasn't he?

Uhh... Uhhh...

THUMP

get back：取り返す / useful：役立つ、便利な

Questions

1 持ってこい…
　（　　　）it here...

Answers

1 Bring

bring と take の違いを考えてみましょう。
　日本語では bring は「持ってくる、連れてくる」、take は「持っていく、連れていく」と訳されることが多いですが、もともと英語にはどちらも物を移動するという概念しかなく、日本語訳だけに頼るのは混乱のもとです。**話し手の方向に物が移動するのが bring、話し手のいる場所から物が遠ざかるのが take** と考えましょう。

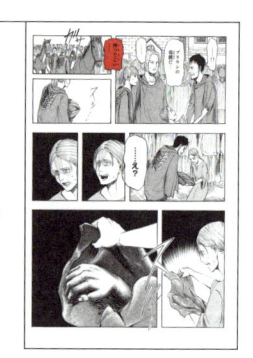

Attack on 英文法　「来る」と「行く」

「来る」と「行く」を日本語だけに頼って、単純に「来る＝come」「行く＝go」と考えるのは間違いです。
　上記の bring と take 同様、もともと英語においては、come と go には移動する概念しかなく、原則 **come は近づくイメージ、go は離れるイメージ**です。
　come と go の使い分けは、**聞き手から見た視点**がポイントになり、聞き手の視点に関係のない場所であれば、ほぼ、日本語の「来る」「行く」に対応させればよいのですが、**聞き手のいる場所に近づく場合は come** を使います。
　いちばん典型的な例が、次のようなものです。

Mom：Eren, dinner is ready.　母：エレン、夕食ができたわよ
Eren：I'm **coming** now.　エレン：今行くよ

　この場合の「行くよ」は、聞き手であるお母さんの方向に夕飯を食べに行くのですから、come を使うのです。
　これに対して、**聞き手のいる場所から離れる場合いは go** を使います。
　もし、"I'm **going** now." と言ったら、お母さんのいる方向から離れて、たとえば、「もう出かけるから食事はいらない」という意味に聞き手にはとらえられます。

Scene 1-28

Questions

1 それだけしか取り返せませんでした…
That's (　　　) we were (　　　) to get back.

2 でも…息子は…役に立ったのですよね…
But my son was useful (　　　) you, (　　　) he?

Answers

1 all, able

▶ all S can V 原形：(S が V することのできるすべて→) S が V できるのは〜だけ
all の後には関係代名詞 that が省略されています。
be able to（〜できる）は can と書き換え可能ですが、この場合のように、過去に何かを実行できたと表現するときには was / were able to を使い、could は使えません。
単に過去において「〜する能力があった」と表す場合はどちらでも使えます。

2 to, wasn't

▶ be useful to 人 / be useful for 事：人 / 事の役に立つ
ここは「(人) にとって」の意味を持つ to を入れます。
", **wasn't he?**" のように終わる文を**付加疑問文**といいます。「ですよね？」と、相手に同意や確認を求める意味を添えます。

Attack on 英文法　付加疑問文の作り方

付加疑問文は〈カンマ＋疑問文の短縮形〉を文末に付加しますが、その際、**肯定文は否定形、否定文は肯定形**で付加します。

① **be 動詞**：肯定文　Eren is very brave, **isn't he**?（エレンはとても勇敢ですね）
　　　　　　否定文　Eren isn't a coward, **is he**?
　　　　　　　　　（エレンは臆病者ではありませんよね）
② **一般動詞**：肯定文　Eren want to go outside the wall, **doesn't he**?
　　　　　　　　　（エレンは壁の外に行きたがっていますね）
　　　　　　否定文　Eren doesn't want to stay inside the wall, **does he**?
　　　　　　　　　（エレンは壁の中に留まっていたくないと思っていますね）
③ **助動詞**：肯定文　Eren can join Survey Corps, **can't he**?
　　　　　　　　　（エレンは調査兵団に参加できますね）
　　　　　　否定文　Eren can't give up joining Survey Corps, **can he**?
　　　　　　　　　（エレンは調査兵団に参加することを諦められないですね）

何か直接の手柄を立てたわけではなくても!!
息子の死は!!人類の反撃の糧になったのですよね!!?

……

「もちろん——!」

……

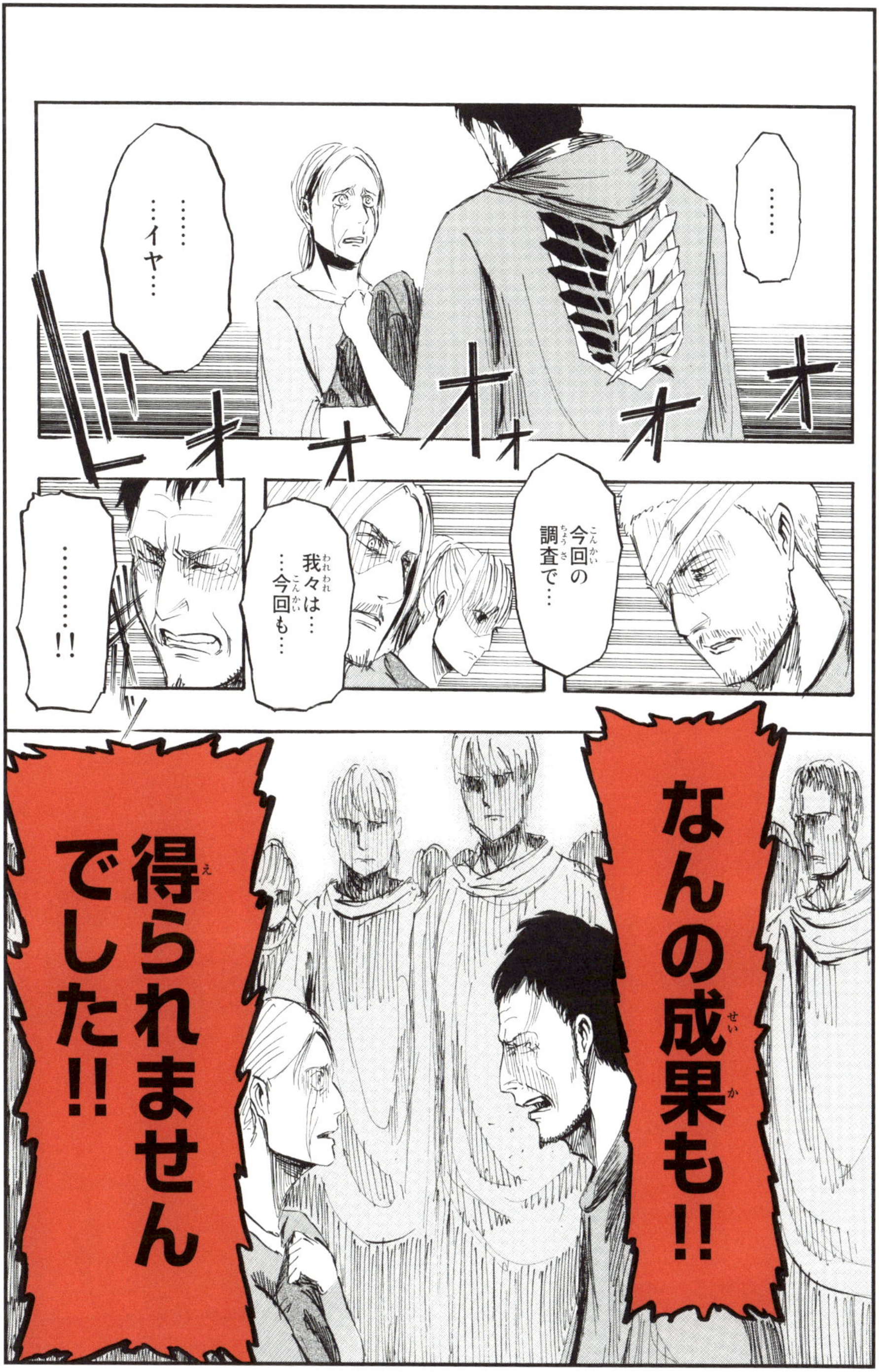
……
……イヤ……
ドオオオオオ
今回の調査で……
我々は……今回も……
………!!
なんの成果も!!
得られませんでした!!

Scene 1-29

His death... brought humanity one step closer to beating them back, right?!

Even if he didn't achieve anything directly...

FWOOOO

...

Of course!

...

directly：直接 / beat：打つ、叩く、打ち負かす / of course：もちろん

Scene 1-30

...No...

DOOOOO

...

This time, too... we...

Our survey this time...

Nothing!!

We accomplished...

✠ Questions

1 何か直接の手柄を立てたわけではなくても!!
Even if he didn't (a   ) anything directly...

2 息子の死は!! 人類の反撃の糧になったのですよね!!?
His death. (b   ) humanity one step closer to (b   ) them back, right?!

🦄 Answers

1 achieve

▶ achieve：〜を成し遂げる / 達成する

　次ページの accomplish もほぼ同義語ですが、accomplish はひとつの物事が完了したという結果を単に述べるのに対して、achieve はその過程で努力して達成したというニュアンスが含まれます。

2 brought, beating

　直訳すると「息子の死は人類が反撃することに一歩近づけたのですね?!」となります。このように、生き物以外を主語に置いて擬人化する文の組み立て方を、**無生物主語構文**と呼ぶということは先に説明しましたが (p.64参照)、この無生物主語構文では、**主語の部分が原因、以下が結果という因果関係**を表す文になっています。

　因果関係を意識して「**〜のおかげで / せいで**」と中間訳を入れると、訳しやすいです。
「息子の死は人類が反撃することに一歩近づけたのですね」→「息子の死の**おかげで**、人類は反撃に一歩近づくことができたのですね」

　closer (close の比較級) の後の to は前置詞なので beat は動名詞にします (p.17参照)。前置詞の後ろに動名詞で入れる形は慣れてきたでしょうか。特に **to Ving** は to V原形にしてしまいやすいので、注意が必要です。

　ちなみに beat (負かす) という語を使って、「負ける」は be beaten や get beaten というふうに受動態にして「負かされる」と表現します。beat の代わりに defeat という単語を使っても同様です。相手がいないのに1人で「負ける」という動作を行うことはできず、「負ける」というのは、すなわち、誰かに「負かされる」ということだからです。

Scene 1-30

✏️ Questions

1 なんの成果も!! 得られませんでした!!
We accomplished (　　　)!!

🏹 Answers

1 nothing

　この文を通常の否定文に書き換えると、We didn't accomplish anything. となります。not と anything が結びついて We accomplished nothing. となりますが、not を使わなくとも立派な否定文です。〈**not + any 名詞 = no 名詞 / not + anything = nothing / not + anybody = nobody**〉など、どれも100パーセントの強い否定を表します。

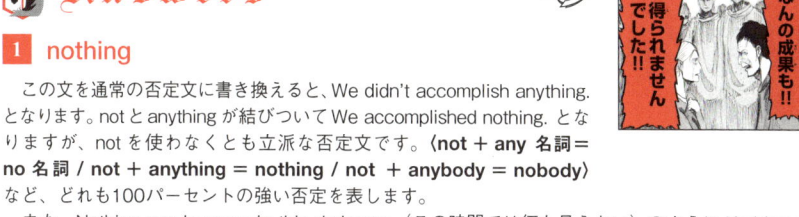

　また、Nothing can be seen in this darkness.（この暗闇では何も見えない）のように Nothing を主語に置くこともできます。しかし、これは Anything can't be seen in this darkness. というように any を主語として使い、not よりも前に出す語順にはできないので注意しましょう。

Attack on 英文法　いろいろな否定表現

🌹 not 以外に、**否定の意味を表す語**をあげてみましょう。

①[全面的な否定]
- **no**：〜はない　名詞を修飾する形で使います。
- **nobody**：誰も〜ない　人を表す代名詞として使います。
- **none**：何も〜ない、誰も〜ない　ものにも人にも使う代名詞です。
- **nothing**：何も〜ない　ものを表す代名詞として使います。
- **never**：（今までに）一度も〜ない、決して〜ない　動詞の前に置いて動詞を修飾する副詞です。

②[部分的な否定]
- **few / little**：〜はほとんど〜ない　代名詞として、あるいは名詞を修飾する形で使います。few は**数えられる名詞**に、little は**数えられない名詞**に対応します。
- **hardly**：ほとんど〜ない　動詞の前に置いて動詞を修飾する副詞です。I hardly know him.（彼をほとんど知らない）、I can hardly believe it.（そんなこと〔ほとんど〕信じられない）のように**程度**を表します。
- **seldom / rarely**：めったに〜しない　動詞の前に置いて動詞を修飾する副詞です。I seldom / rarely see him.（彼とはめったに会わない）のように**頻度**を表します。

「私が無能なばかりに……!!」

「ただ いたずらに兵士を死なせ…!!」

ジオオオオオ

「ヤツらの正体を…!!」

「突きとめることができませんでした!!」

……ひでぇもんだな
壁の中にさえいれば安全に暮らせるのに…
ザワ
ザワ
ザワ
兵士なんて税の無駄遣いだ……
……!?
………
まったくだ…
これじゃあオレらの税でヤツらにエサをやって太らせてるようなもんだなぁ
!!?
ホッ!?
なにすんだクソガキ!!

Scene 1-31

All I did was get my soldiers killed...!!

Because of my incompe- tence...!!

DOOOOO

...to finding out what those things really are!!

We didn't get any closer...

incompetence：能力がないこと / find out：見つけ出す

awful：恐ろしい、ひどい / inside：〜の内側に / sound：健全な / nothing but 〜：〜にすぎない / waste：浪費、無駄、廃棄物 / tax：税金 / ridiculous：ばかげた、滑稽な / basically：基本的に / fatten：太らせる

Scene 1-31

🗡 Questions

1 私が無能なばかりに…!!
Because (　　　) my incompetence...!!

2 ただ いたずらに兵士を死なせ…!!
All I did was get my soldiers (　　　)...!!

3 ヤツらの正体を…!! 突きとめることができませんでした!!
We didn't get any closer to (　　　) out
(　　　) those things really are!!

🐴 Answers

1 **of**

理由を表す節を導く because ですが、**because of** とすると後ろに名詞を置いて理由を簡潔に述べることができます。
because of my incompetence = because I was incompetent
いかがですか？ 日本人にとっては後者の方が作りやすいと思いますが、実際の英文では、前者のように名詞を用いてすっきり言いたいことを表す方が好まれます。

2 **killed**

この get は **使役動詞**（p.58参照）ととらえ、O（my soldiers）が kill するのか、kill されるのかを考えます。兵士が殺されるという受身の状態にするので、過去分詞の killed が正解です。
事故死や戦死は **be killed** in the accident / war と表現します。

3 **finding, what**

get close to の to は前置詞なので動名詞を入れます（p.17参照）。
前置詞の後に動名詞を入れることは理解しても、前置詞 to の後は、to 不定詞と混同して、原形で入れてしまいがちなので、特に注意が必要です。
ところで、この部分の英訳ですが、「突きとめる」→「見つけ出すことに近づく」、「正体」→「彼らが本当は何なのか」と書き換えています。
「正体」って英語で何という単語だっけ？ と迷う前に、このような簡単な英語表現に読み下すコツを知っていると、英会話や英作文が楽です。

Scene 1-32

✑ Questions

1 壁の中にさえいれば安全に暮らせるのに…
If only they ('d stayed / stayed / are staying) inside the wall, they'd all be safe and sound...

2 これじゃあオレらの税でヤツらにエサをやって太らせてるようなもんだなぁ
So basically our taxes are (b＿＿) used to fatten up those bastards by providing them (＿＿) "snacks."

3 なにすんだクソガキ!!
(Do you think what / What do you think) you're doing, you little shit?!

✑ Answers

1 'd stayed

　調査兵団は（過去において）壁の中にいれば（現在において）安全に暮らせているのに、でも現実は壁の外に出て悲惨な目にあったのですね。
　このように、実際の現在の状態や過去の出来事の逆のことを想定する表現法を**仮定法**（p.234参照）といいます。この場合、実際の時制より1つ過去にずらして表現します。
　それぞれ **had stayed**（過去のこと→過去完了形）、**would** be safe（現在のこと→過去形）で表されています。
　▶ **If only ～**：～でありさえすれば、～さえしていれば（仮定法と結びつく表現です）

2 being, with

　are (be)ing の部分で現在進行形、be(ing) used の部分で受動態（p.176参照）が表されているのがわかるでしょうか。このように受動態は常に〈**be + Vpp**〉を基本に be 動詞の部分を変化させていけばいろいろ応用できます。
　▶ **provide A with B**：A（人）に B（物）を供給する
　第4文型の give O₁（人）O₂（物）と混同して **with** を忘れるということは、よくある間違いです。注意しましょう。

3 What do you think

　間接疑問文（p.136参照）の語順の問題です。
　What do you think it is?（何だと思う？）と Do you know what it is?（何だか知ってる？）を比べてみましょう。後者は Yes / No で答えるのに対して、前者は Yes / No では答えないですね。Yes / No ではなく、具体的に「何か」「どこか」などの答えを求める疑問文は、常に疑問詞で始めます。

Scene 1 - 33

Scene 1-34

ただいま

おかえりなさい

遅かったのね二人とも

イヤ…まぁ……

色々あって…

That's enough.：もう十分です、もうたくさんだ、やめなさい / firewood：焚き木 / all over：一面に / pick up：拾う

We're home!
KA-CHA
Welcome back.
You two are late.
Yeah... well...
Some stuff happened.
RATTLE
RATTLE

Scene 1-33

✗ Questions

1. 何すんだよ!!
   What the hell was that (　　) ?!

2. 調査兵団に入りたいって気持ちは…変わった…？
   (　　) your feelings about joining the Survey Corps changed?

3. 手伝えよ拾うの…
   Help me (　　) the wood up...

Answers

1 **for**

What の後ろの the hell は（少し品の悪い言い方ですが）What を強調して「いったい」くらいの意味を持ちます。ですから、**What** was that **for**? は、「(それは何のためなんだ？ → それは何故なんだ？→) 何するんだ！」という意味になります。

2 **Have**

現在完了形の疑問文で **Have ～ changed?**（～は変わった？）としています。
たとえばこのような「変わった」は、変わった状態が今も継続しているのですから、現在完了形を使って have changed とします。ほかに「増えた / 減った」なども同様の理由で現在完了形と組み合わせて、**have increased / decreased** と使うことが多いです。

3 **pick**

たとえば、「宿題を手伝って」と言うとき、Help my homework. とは言いません。
Help **me with** homework. や Help **me do** my homework. などのように help（手伝う）の目的語には必ず人を置きます。人を助けるのであって、宿題を助けるわけではないからです。このあたり、あいまいな日本語と違って、英語は非常に論理的に筋が通っています。

Scene 1-34

✠ Questions

1 ただいま / おかえりなさい
We're (　　　　)! / Welcome (　　　　).

2 色々あって…
Some stuff (　　　　).

🐴 Answers

1 home, back

「ただいま」「おかえり」にあたるものとして、**"I'm (We're) home." "Welcome back."** という英語表現は使われますが、どんな場面でもあてはまるものでもありません。

この場面のように、エレンたちがドアを開けて部屋に入り、台所仕事をしているお母さんに帰宅を知らせるような状況では、**"We're home."** と言って声をかけるのがよいでしょう。

たとえば、エレンたちがチャイムを鳴らして、お母さんがカギのかかったドアを開けてくれた状況に置き換えると、そんな場面で **"I'm home."** とあらためて言うのもちょっと間が抜けていますね。かと言って、無言というわけにもいかないので、たとえば軽く "Hey." と言ったり、"It's cold outside."（外は寒いよ）などと、何か声をかけましょう。

また「おかえり」にあたる **"Welcome back."** は、通常は、旅行など長い不在の後で使うことが多いので、日常では、**"How was your day?"** などでもよいでしょう。

2 happened

some stuff（※カタカナでいう「スタッフ」は staff）は口語英語の中で、something とほぼ同様に「何か、あるもの、あること」という意味で広く使います。Some stuff happened. は「ちょっと何か起こってね」くらいの意味です。たとえば Some crazy stuff happened.（ひどいことが起こってね）のように修飾語をつけてもいいですね。

アレ？父さん
今から出かけるの？
ああ
2つ上の街に
診療だ
…エレンが…
調査兵団に
入りたいって…
ミ…ミカサ!!
言うなって
エレン!!
何を考えて
いるの!?
壁の外に
出た人類が
どれだけ
死んだか
分かってるの!?
わ…分かってるよ!!
……

エレン

どうして外に出たいんだ？

外の世界がどうなっているのか

何も知らずに一生壁の中で過ごすなんて嫌だ！！

それに…

ここで誰も続く人がいなかったら

今までに死んだ人達の命が無駄になる！

ちょっと…あなた！

船の時間だそろそろ行くよ

…そうか…

Scene 1-35

...Eren said...

Yeah. I have to see a patient two towns up.

Huh? Dad, you're going out now?

M-Mikasa!! I told you not to tell them!

...he wants to join the Survey Corps.

Eren!!

...

Y-yes, I know!!

Do you know how many people have died because they dared to venture outside the wall?!

What are you thinking?!

dare to 〜：敢えて〜する / venture：危険を冒して〜をする

Scene 1-36

...inside the wall, ignorant of what's happening in the world outside!!

I hate the idea of spending my whole life...

Why do you want to go outside?

Eren...

And besides...

...everyone who died up to now will have died in vain!

If there's no one to carry on...

Wait... Honey!

RATTLE

Well, I'd better be going. The boat leaves soon.

...I see...

---

hate：憎む、嫌う / idea：考え / spend：費やす / ignorant of ～：～を知らずに / carry on：続行する / up to now：今まで / in vain：無駄に

Questions

1 2つ上の街に診療だ
I have to see a (patient / patience / patent) two towns up.

2 言うなって
I told you (　　　)!
① not to tell them
② must not tell them
③ to not tell them

3 壁の外に出た人類がどれだけ死んだか分かってるの!?
Do you know how many people have died (b　　　) they (d　　　) to venture outside the wall?!

Answers

1 patient（患者）

patience は「忍耐」、patent は「特許」。形容詞 patient は「我慢強い」。
▶ **Be patient**.：我慢しなさい

2 ① not to tell them

▶ **tell 人 to V**：人に V するように言う
to V の部分を否定にして、「人に V しないように言う」とする場合は、not は to V の直前に置きます。

3 because, dared

because ～ は、この場合は Do you know ～ にかかるのではなく（～だから知ってるの?）、many people have died にかかります（～だから死んだ）。
▶ **dare to V**：敢えて～する

Attack on 英文法　動詞につける not の位置

動詞が文中でどのような形に変化しても、**否定の意味にするとき、not は常に動詞の直前に置く**と覚えると、すべての形に適応します。

・動名詞 Ving → **not** Ving
・不定詞 to V → **not** to V
・分詞 Ving / Vpp → **not** Ving / **not** Vpp
・助動詞 ＋ V原形 → 助動詞 ＋ **not** V原形

Scene 1-36

Questions

1 一生 壁の中で過ごすなんて嫌だ!!
I hate the idea (to spend / of spending) my whole life inside the wall.

2 誰も続く人がいなかったら
If there's no one (　　　) carry
(　　　)...

3 船の時間だ そろそろ行くよ
I'd better be going. The boat (will leave / leaves / left) soon.

Answers

1 of spending

この of は「〜という」と訳す of です。
そして of は前置詞なので、〜の部分に動詞を入れる場合は**動名詞〜ing** に変えます（p.17参照）。
▶ **the idea of 〜 + spending my whole life**：一生を過ごす+という考え

2 to, on

to carry on で no one を修飾する**不定詞の形容詞的用法**（p.143参照）です。
on は副詞で、**go on, keep on** など、いろいろな動詞と結びついて「〜し続ける」というニュアンスを与えます。

3 leaves

未来のことであっても、**確定していること**を述べるときは現在形で表します。特に**往来発着**を表す動詞に多いのですが、その他、たとえば次のような場合もあてはまります。
 "Can you come tomorrow?" "Sorry, no. I**'m** busy tomorrow."［確実に忙しい］
 "Can you come tomorrow?" "I'm not sure. Maybe I**'ll be** busy tomorrow."［不確実］
▶ 'd better = **had better V原形**：〜した方がよい
had better で助動詞のように扱うので後に置く動詞は必ず**原形**にします。また、否定文にするときの not の位置は、**had better not V原形**のように **V原形の直前**に置きます。間違って had not better V原形としてしまいがちですので注意が必要です。
前のページでも述べましたが、動詞がいろいろな形に変化しても、not はその直前に置きます。

エレンを説得して!!
カルラ…
ガチャ
人間の探求心とは誰かに言われて抑えられるものではないよ
!!
………
……
…エレン
帰ったら…ずっと秘密にしていた地下室を…
見せてやろう
ほ…本当に!?
…エレン
…なに?

駄目だからね

調査兵団なんて
バカなマネ――

は!?

バカだって…!?

……!!

……エレン

オレには…家畜でも
平気でいられる人間の方が

よっぽど
マヌケに
見えるね！

……

ミカサ

あの子は
だいぶ
危なっかしい
から…

困った時は
二人で助け
合うんだよ

うん！

Scene 1-37

!!

it doesn't matter what anyone says. There's no holding back an inquisitive mind.

KACHA

Kalura...

Talk some sense into your son!!

...that I've been keeping secret all this time.

When I get home ... I'll show you what's in the basement...

Eren...

R-Really?!

JINGLE

...

...

...What?

Eren...

---

hold back：(本心などを) 隠す、抑える / **inquisitive**：探求的な、詮索好きの / **mind**：心 / **basement**：地下 / **secret**：秘密

Scene 1-38

"Foolish"...?!

...do anything as foolish as joining the Survey Corps!

What?!

I won't let you...

Eren... ...

...are the real fools!

The way I see it... people who are satisfied living like caged birds...

...

FWISH

I will!

...so help him out if he gets in trouble.

That boy is foolhardy...

Mikasa...

NOD

foolish：ばかな / be satisfied：満足して / foolhardy：向こう見ずな、無謀な

Scene 1-37

❎ Questions

1 エレンを説得して!!
Talk some (s   ) into your son!!

2 人間の探求心とは誰かに言われて抑えられるものではないよ
(   ) doesn't matter (   ) anyone says. There's (   ) holding back an inquisitive mind.

3 ずっと秘密にしていた地下室を…見せてやろう
I'll show you (   )'s in the basement that I've been (   ) secret all this time.

Answers

1 sense

▶ talk some sense into (人)：(人) に言い聞かせて道理を分からせる
sense はいわゆるセンス、「感覚」ですが、さらに「分別、知性、意味」などにまで広範囲の意味を持ちます。このほかに、以下のような熟語も重要です。
▶ make sense：意味をなす、筋が通っている / in a sense：ある意味、など

2 It, what, no

最初の文の主語は what anyone says ですが、**形式主語 it** を代わりに文頭に置いています。
この〈It doesn't matter ＋間接疑問文 (what〜 / when〜 etc.)〉（〔何を / いつ、など〕〜するかは問題ではない）では、慣用的によく使います。
▶ There is no Ving：〜することはできない

3 what, keeping

この文では what's in the basement の what は関係代名詞（p.182参照）で「地下室にあるもの」という意味になります。**2** の間接疑問文（p.136参照）を導く疑問詞 what と関係代名詞の what はときには区別しづらいときがありますが、区別すること自体はあまり重要ではありません。「何が / を〜」と訳した方が自然なときは間接疑問文、「〜なもの / こと」と訳した方が自然なときは関係代名詞と思うくらいでだいじょうぶです。

Scene 1-38

✠ Questions

1 駄目だからね調査兵団なんてバカなマネ──
I won't (　　　　) you do anything (　　　　) foolish (　　　　) joining the Survey Corps!

2 オレには…家畜でも平気でいられる人間の方がよっぽどマヌケに見えるね！
The way I see it, people who (　　　　) satisfied living like caged birds (　　　　) the real fools!

3 困った時は二人で助け合うんだよ
Help him out if he gets in (　　　　).

🐉 Answers

1 let, as, as

▶ **let O V原形**：O に〜させる
強制的に何かをさせるのではなく、自由にさせるというときに使う**使役動詞**（p.58参照）です。以下のように **let me 〜** の形で使うことも多いです。

▶ **Let me** explain 〜.：〜を説明させてください / **Let me** know when you leave.：帰るとき教えてください、など

"Let it Go"や"Let it Be"は、有名な歌のタイトルですが、どちらも「そのままにしておく、放っておく（あきらめる）」などの意味です。

[**anything as foolish as joining the Survey Corps** の部分の構造について]
anything foolish（バカげた何か）というふうに **something** や **anything** は形容詞を後ろにおいて**修飾**しますが、その foolish を **as** foolish **as** joining the Survey Corps というふうに、原級を使った比較表現（p.201参照）の **as 〜 as...**（…と同じくらい〜）の表現に組み込んでいて、この部分を直訳すると、「調査兵団に入るというくらいバカげた何か」となります。後ろのasはここでは前置詞なので、その後ろは joining と動名詞になっていますね（p.17参照）。

2 are, are

who は関係代名詞（p.182参照）で people は先行詞という関係です。関係代名詞自体は単数・複数の区別はありませんが、**先行詞に一致**させます。people（人々）は複数の s はついていませんが複数扱いなので、それぞれ、people **are** the real fools / who（= people）**are** satisfied living like caged birds と、どちらのbe動詞も are で対応します。

3 trouble

▶ **in trouble**：困っている
これと似た表現に、**in need** もあります。

▶ A friend **in need** is a friend indeed.：困ったときの友こそ真の友

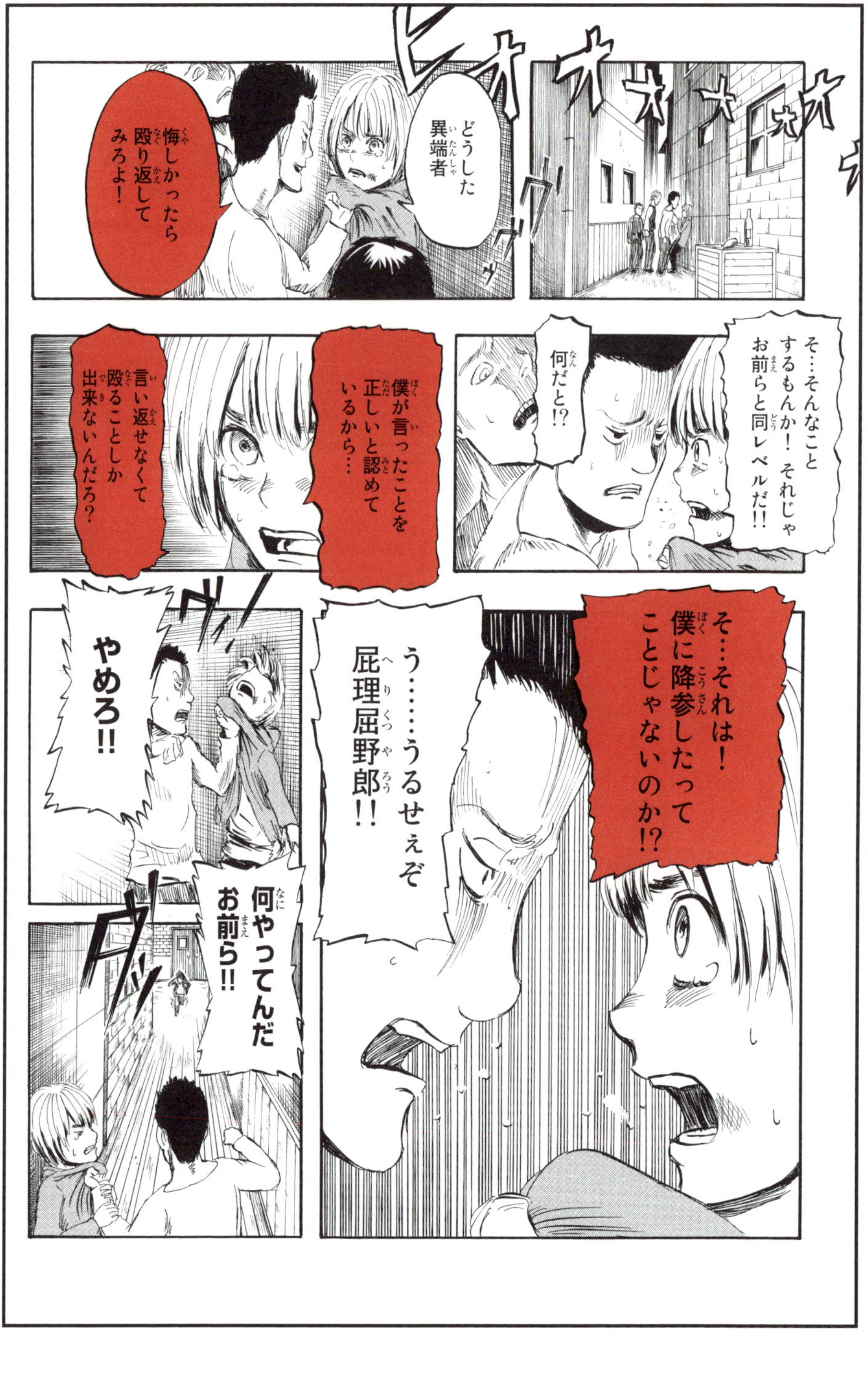
どうした
異端者
悔しかったら
殴り返して
みろよ!
そ…そんなこと
するもんか! それじゃ
お前らと同レベルだ!!
何だと!?
僕が言ったことを
正しいと認めて
いるから…
言い返せなくて
殴ることしか
出来ないんだろ!?
そ…それは!
僕に降参したって
ことじゃないのか!?
う……うるせぇぞ
屁理屈野郎!!
やめろ!!
何やってんだ
お前ら!!

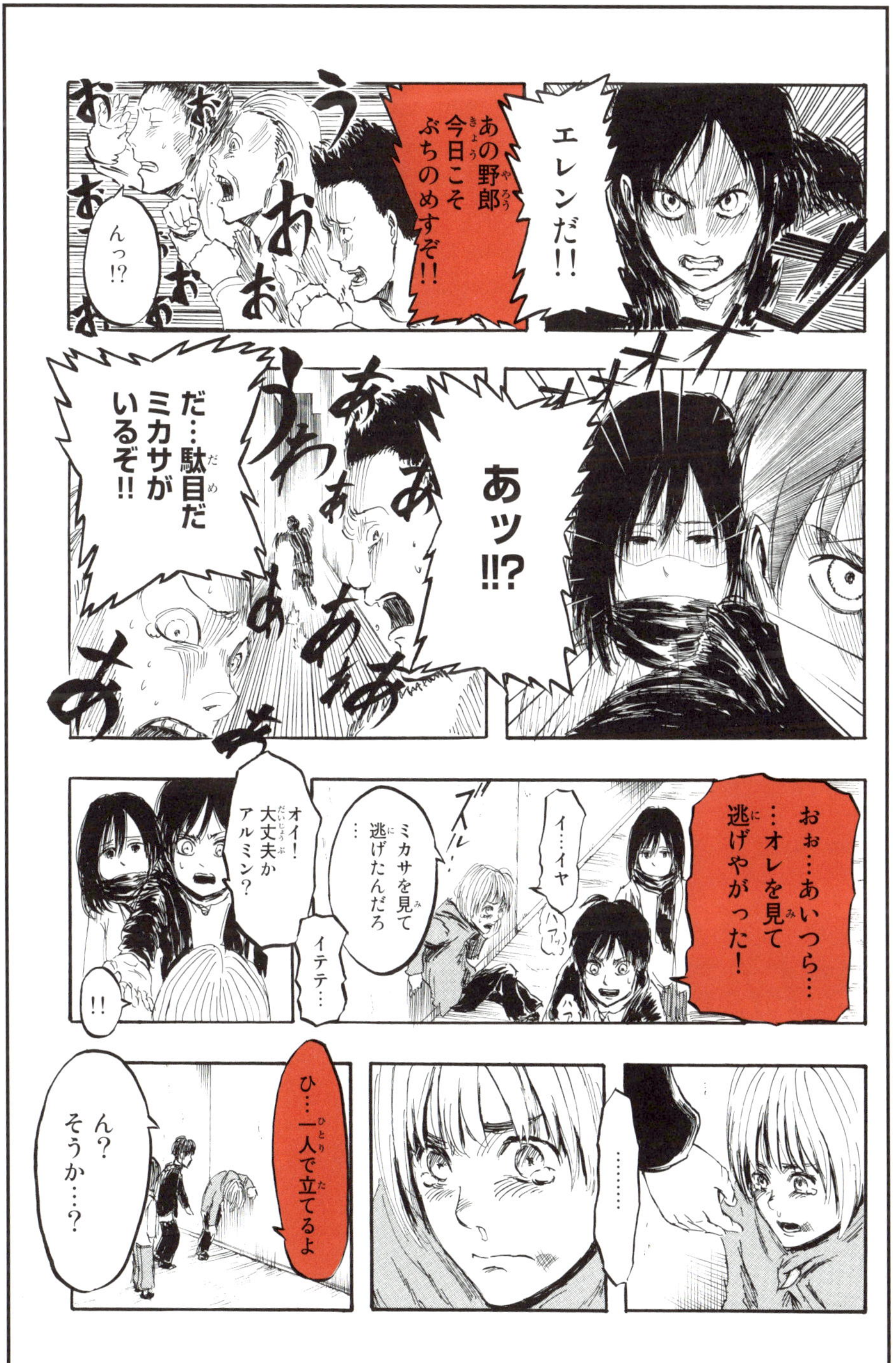
エレンだ!!
あの野郎今日こそぶちのめすぞ!!
んっ!?
あッ!!?
だ…駄目だミカサがいるぞ!!
おぉ…あいつら……オレを見て逃げやがった!
イ…イヤ
ミカサを見て逃げたんだろ…
イテテ…
オイ!大丈夫かアルミン?
!!
………
ひ…一人で立てるよ
ん?そうか…?

Scene 1 - 39

FWOOOO

If it hurts, hit me back!

What's wrong, heretic?

That's why the only answer you have for me is your fists!

It's because you know what I'm saying is right...

What's that?!

N-No way! I'm not going to stoop to your level!!

YANK

Knock it off!

S-shut up, you tricky bastard!!

A-and that's as good as admitting defeat!

DASH

What the hell are you guys doing?!

What's wrong?：どうかした？、何があったの？ / **heretic**：異端者、異教徒 / **hurt**：痛む / **No way**：絶対に嫌だ、お断り / **stoop**：かがむ、〜するまでに身を落とす / **fist**：拳 / **admit**：〜を認める、入ることを許す / **defeat**：敗北 / **Shut up!**：黙れ！ / **tricky**：ずるい、巧妙な、扱いにくい / **Knock it off!**：（くだらないことを）やめろ！

run away：走り去る、逃げる

Questions

1. 悔しかったら殴り返してみろよ！
   If it hurts,（hit me back / hit back me）!

2. 僕が言ったことを正しいと認めているから…
   It's because you know（　　　）I'm saying is right...

3. 言い返せなくて殴ることしか出来ないんだろ？
   That's（w　　）the only answer you have for me is your fists!

4. それは！僕に降参したってことじゃないのか⁉
   That's as（g　　）as admitting defeat!

Answers

1 hit me back

〈hit（殴る）動詞＋back（戻して、逆向きに）副詞〉＝「殴り返す」です。このように〈動詞＋副詞〉で熟語として使われる表現はたくさんありますが、語順においてルールが１つあります。hit back Armin / hit Armin back のように目的語が代名詞でなければ〈動＋副＋名 / 動＋名＋副〉のどちらの語順でもいいのですが、**目的語が代名詞の場合、必ず〈動＋代＋副〉の語順でなければならない**のです。これはひとつには、語感の問題があります。hit me back とした方が hit back me よりもリズムがよく、言いやすいですね。

また、英語の語順には、「旧情報を先に置く」というルールがありますので、旧情報である代名詞が新情報である副詞の前に置かれるということも言えます。

2 what

前述しましたが（p.124参照）、この what は「何」と訳さず、「〜こと」と訳す関係代名詞の what です。what I'm saying ＝ the thing which I'm saying と書き換えるとわかりやすいですね。

3 why

▶ **That's why**：そういうわけで
もともとは That is the reason why（それが〜する理由だ）という文が慣用的に使われるようになりました。

4 good

▶ **as good as 〜**：〜も同然で
as good as new は「新しいくらい良い」ではなく「新品同様」、**as good as dead** は「死んだも同然」と訳します。

Scene 1-40

❓ Questions

1 あの野郎今日こそぶちのめすぞ!!
Now's our chance (　　　) kick the little bastard's ass!!

2 あいつら…オレを見て逃げやがった！
They took one (　　　) (　　　) me and ran (　　　)!

3 一人で立てるよ
I can stand up (　　　) my own.

🐴 Answers

1 to

to kick 以下が our chance を修飾しています。
不定詞の形容詞的用法（p.143参照）ですが、**chance / dream / promise to V**（～する機会 / 夢 / 約束）など、不定詞が修飾する名詞の**内容を説明する関係**になっています。

2 look, at, away

▶ *take* [*have*] *one* [*a*] **look at ~**：～を一目 / ちらっと見る
look は1語でも「～を見る」ですが、名詞 look を使って組み立てると、修飾をつけやすくなります。
▶ **take a close look**：よく見る / **take a better look**：もっとよく見る / **take a quick look**：ざっと目を通す、など

3 on

▶ **on one's own**：1人で、自分で
以下のように使います。
I'll try this **on my own**.（自分でやってみる）
The old woman live **on her own.**（1人で住んでいる）

—それで人類はいずれ外の世界に行くべきだって言ったら殴られた異端だって

くっそー外に出たいってだけで何で白い目で見られるんだ

そりゃ…壁の中にいるだけで100年ずっと平和だったからだ

下手に外に出ようとしてヤツらを壁の中に招くようなことが起きないように

つまり王様ビビりすぎっつーだけの話だ！

王政府の方針として外の世界に興味を持つこと自体をタブーにしたんだ

…そうなんだよ

でも本当にそれだけの理由なんだろうか？

自分の命を懸けるんだオレらの勝手だろ！

絶対駄目

……
…駄目
そーいや お前 よくも親に バラしたな!!
え!?
協力した 覚えは ない
で… どうだった…
そりゃあ
喜ばれは しない…
…そりゃ そうだよ…
なっ なんだよ オマエも やめろって 言うのか!?
だって… 危険だし…
気持ちは 分かるけど
確かに この壁の中は 未来永劫安全だと 信じきってる人は どうかと思うよ
100年 壁が 壊されなかったから といって
今日壊されない 保証なんか どこにもないのに…

Scene 1-41

...he punched me...

...and called me a "heretic."

SNIFF

...should eventually go to the outside world...

So when I said the human race...

People are afraid that if we go out carelessly, "they" could get in.

Well ... it's because we've lived here peacefully inside the wall for 100 years now.

PLOOSH

FWISH

Damn it, why do people frown on even the slightest mention of wanting to go "outside"?

But I wonder if that's the only reason...

...You're right about that.

In other words, the king is a coward!

Royal government policy says that even having an interest in going to the outside world is taboo.

We can do what we want with them, right?

They're our lives!

...not!

Ab-solute-ly...

eventually：最終的に、結局は、いずれは / frown：(考え事や不快感などで) 眉をひそめる / slight：ほんのわずかな / mention：(〜に) 言及 (する) / government：政府 / policy：政策、方針 / taboo：タブー、禁忌 / in other words：つまり / coward：臆病者 / absolutely：絶対、まったく

rat out：〜を密告する、〜を告げ口する、〜を見捨てる / agree：同意する / naturally：当然 / give up：諦める / for sure：たしかに / have a screw loose：（頭のねじがゆるんでいる→）頭がおかしい / breach：（城壁などを）破る、破壊する、（規則・約束などを）破る / guarantee：保証（する）

Scene 1-41

🗡 Questions

1 下手に外に出ようとしてヤツらを壁の中に招くようなことが起きないように
People are (a   ) that if we go out carelessly, "they" could get in.

2 王政府の方針として外の世界に興味を持つこと自体をタブーにしたんだ
Royal government policy says that even having an interest (   ) going to the outside world is taboo.

3 本当にそれだけの理由なんだろうか？
I (   ) if that's the only reason...

Answers

1 **afraid**
▶ **be afraid**：恐れる（「〜を」として後に続くのは、**that** 節あるいは **of** 名詞）

2 **in**
▶ **royal**：王家の、王室の（※ loyal〔忠実な〕と混同しないように要注意）
▶ **have an interest / be interested**：興味を持つ（「〜に」として後に続く前置詞は **in**）

3 **wonder**
▶ **wonder**：だろうかと思う
後ろに**間接疑問文** who 〜（だれが）/ where 〜（どこに）などを伴います。この if 〜 も条件節の「もし〜」ではなく、「〜かどうか、〜だろうか」と訳す間接疑問文です。

Attack on 英文法　間接疑問文の作り方

🌹 **間接疑問文**とは、疑問文が主語や目的語として文中に組み込まれる表現です。次のように、疑問詞を接続詞のように使って文を組み合わせます。

What should I do? → I wonder **what I should do.**（何をすべきだろうか）
When will he come? → I wonder **when he will come.**（彼はいつ来るだろうか）
Where has he gone? → I wonder **where he has gone.**（彼はどこに行っただろうか）
疑問詞の後は通常の**肯定文の語順に戻します**。もちろんクエスチョンマークも不要です。また、疑問詞で始まらないタイプの疑問文の場合、**if** や **whether** でつなぎます。
Is that the only reason? → I wonder **if that's the only reason.**

Scene 1-42

Questions

1. そーいや（それで思い出した）
   That (r   ) me.

2. 協力した覚えは ない
   I don't remember (to agree / agreeing) to keep it a secret.

3. 喜ばれはしない…
   They (didn't please / weren't pleased).

Answers

1 reminds

▶ **remind 人 of 事 / remind 人 that SV**：人に〜を思い出させる
これは、主語に物を置いて使用することも多い表現です。
▶ The photo **reminds** me **of** my school days.：その写真を見ると学生時代を思い出す、など

2 agreeing

remember や **forget** は目的語が不定詞と動名詞の場合では、意味が変わります。
▶ **remember / forget to V**：〜するよう覚えている／〜し忘れる
▶ **remember / forget Ving**：〜したことを覚えている／忘れる
目的語が不定詞と動名詞で意味が異なる動詞には、ほかに次のようなものがあります。
▶ **regret to V**：残念ながら〜する／**regret Ving**：〜したことを後悔する／**try to V**：〜しようとする／**try Ving**：〜してみる

3 weren't pleased

「喜ぶ」のような感情を表す表現は、英語では何も原因がないのに自発的に喜んでいるとは見なしません。必ず何か原因になることがあって、その原因に「喜ばされている」と非常に科学的な分析をします。よって「喜ぶ」に対応する自動詞はなく「喜ばせる」please という他動詞を受動態（p.176参照）で使って「喜ばされる」**be pleased（with 原因）**と表します。
ほかに次のような表現があります。後ろに原因を続ける場合の代表的な前置詞と合わせて覚えましょう。
▶ be surprised at 〜：〜に驚く／be excited at 〜：〜で興奮している／be satisfied with 〜：〜に満足している／be disappointed at 〜：〜にがっかりする／be interested in 〜：〜に興味を持っている／be bored with 〜：〜に退屈している／be annoyed with 〜：〜にイライラする

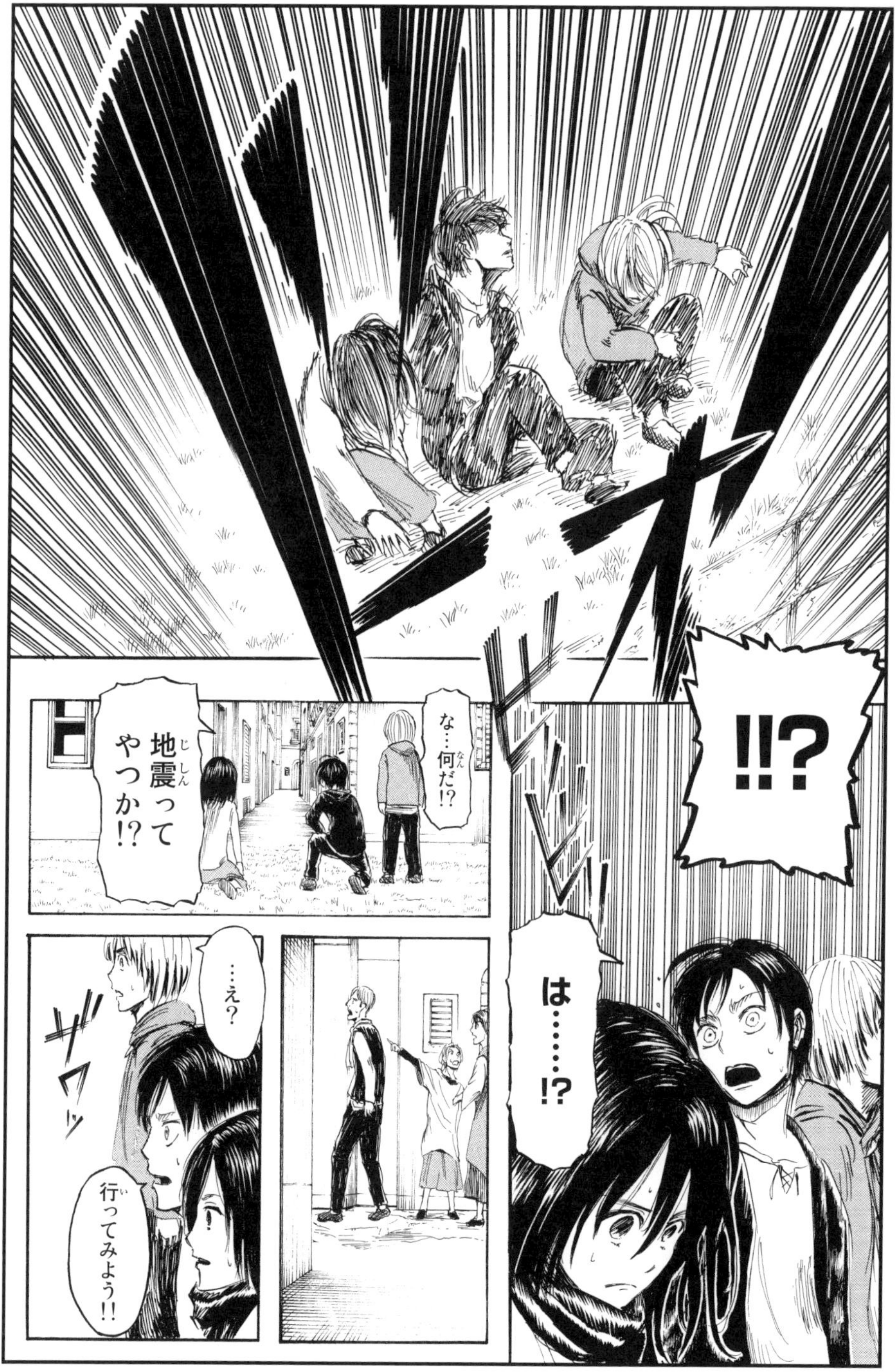
!!?
な…何だ!?
地震ってやつか!?
は……!?
…え?
行ってみよう!!

Scene 1-44

Scene 1-43

BOOM

SHUDDER

?!?

An earthquake?!

W-what was that?!

SHUDDER

What?

Let's check it out!!

Huh...?!

CLANG
CLANG
FWOOOO
CLANG
CLANG
TATATA
Armin, what is it...?!
H-Hey... What the heck are you looking at?!
DASH
SWISH

Attack on 英文法　不定詞の名詞的用法

I don't want to lose any more family...
もうこれ以上家族を失いたくない…

　　ミカサ

不定詞には to 不定詞（to ＋動詞の原形）と原形不定詞がありますが、一般的には to 不定詞のことをいいます。

［名詞的用法］
　名詞句として、次のような働きをします。

①主語になる

　It's too risky **to leave it open any longer**. = **To leave it open any longer** is too risky.　これ以上（門を開けっ放しにしておくこと）は危険だ
　It's dangerous **to feel at ease like this**.　そーやって安心している時が危ないって
　Is it better **to escape from reality**?　現実逃避する方が良いのか？
　このように、**形式主語 it** を置くことがほとんどです。

②補語になる

　My dream is **to explore the outside world**.
　外の世界を探検するんだ（オレの夢は外の世界を探検することだ）

③目的語になる

　How long do you intend **to keep at this**?　いつまでこんなことを続けるつもりだ!?
　Are you trying **to say that I'm an idiot**, Eren?
　オレが頭のめでたいヤツだとそう言いたいのかエレン？

　動詞を文中で名詞のように扱うという意味では、**動名詞**とほぼ同じ用法なのですが、**動名詞は実際にその動作を「行う／行った」というイメージ**があるのに対して、**不定詞はまだその動作を「行っていない／これから行う」というイメージ**があるので、目的語として置くときに、述語動詞との相性があります。

　目的語に不定詞のみを取る動詞には次のようなものがあります。いずれも先のことを「～する」というイメージを持っているのがおわかりでしょうか。
decide：決心する / **expect**：～するつもりである / **hope**：～したいと望む / **manage**：どうにか～する / **mean**：～するつもりである / **offer**：～しようと申し出る / **plan**：計画する / **pretend**：ふりをする / **promise**：約束する / **refuse**：拒む / **want**：～したいと思う / **wish**：～したいと思う

Attack on 英文法　不定詞の形容詞的用法と副詞的用法

不定詞には、名詞や、動詞・形容詞・副詞などを修飾する用法もあります。

[形容詞的用法]

形容詞句として、名詞の後に置いて、その名詞を修飾します。

When you become a soldier, you get your chance **to see them hanging around outside the wall**.
兵士になれば壁の外をうろつくヤツらを見かける機会があるんだが

If there's no one **to carry on**, everyone who died up to now will have died in vain.
ここで誰も続く人がいなかったら、今までに死んだ人達の命が無駄になる

That's no reason **to abandon the people who are right in front of us**.
目の前の人間を見殺しにする理由はない

それぞれ、your chance, no one, no reason を修飾しています。

[副詞的用法]

副詞句として、文中でいろいろな意味を添えます。いくつかの意味がありますが、ここではまずいちばん代表的な［目的］の意味を添える例をみてみましょう。

Four years ago, twenty percent of the human population was sent out **to recover territory stolen by the Titans**.
4年前、巨人に奪われた領土を奪還すべく（奪還するために）、人類の人口の2割が投入された

How many more would we have needed **to retake our land**?
あと何割か足せば領土は奪還できたのか？（奪還するために）

[SVO to V]

ＳＶの後に〈O + to V〉を置く動詞があり「ＯがＶすることを〜する」の意味となります。

Are you telling me **to give up on it**, too?　オマエもやめろって言うのか？
I don't want anyone **to think I'm like you**.　あんたと一緒だとは思われたくないわ
This is your first operation, but we expect you **to contribute**!
今回の作戦でも活躍を期待する！

・**tell O to V**：○に〜するように言う
・**want O to V**：○に〜して欲しいと思う
・**expect O to V**：○が〜するように期待する

ほかにこの形を取る動詞には、次のようなものがあります。
ask：〜するように頼む / **get**：〜してもらう / **advise**：〜するように勧める / **allow**：〜するのを許す / **cause**：〜する原因となる / **compel**：〜するように強いる / **force**：〜するように強いる / **enable**：〜するのを可能にする

Scene 1 - 45

Scene 1-46

……‥!?

そんな…‼

あ…あの壁は……ご…50m…だぞ……

……あ……

……ヤツだ……

Scene 1-45

Scene 1-46

TH-THUMP!

...

It can't be...!!

TH-THUMP!

KRIK KRIK

TH-THUMP!

Th-that wall's 50 meters high...

TH-THUMP!

TH-THUMP!

...Ah...

TH-THUMP!

...One of them...

Attack on 英文法 助動詞

It can't be...!!
そんな…!!

アルミン

助動詞は文字通り、文中で動詞を助ける働きをしますが、それ自体意味を持たずに疑問文や否定文を作る機能のみ果たす do, does, did のほかに、動詞に何らかの意味を添える助けになる助動詞があります。

基本的な助動詞を下記にあげます。それぞれの持つ意味は1つではありません。
・**can**：〜することができる、〜してもよい、〜あり得る
　（**Can you 〜?** で）：〜してくれませんか
　（**cannot** で）：〜のはずがない
・**may**：〜してもよい、〜かもしれない
・**must**：〜しなければならない、〜にちがいない
・**should**：〜すべきだ、〜のはずだ
・**will**：〜だろう、〜するつもりだ
　（**Will you 〜?** で）：〜してくれませんか

It **can't** be.（そんな…）
「そんなことあり得ない」「そんなことあるはずがない」という表現です。「can / can't＝できる / できない」だけに限定するのではなく、訳語の幅を広げておくと、応用がききます。

You **must** be the one with the soft noggin!
（めでたい頭してんのはお前の方じゃねえか！）
「お前が〜なヤツにちがいない」という意味で使われています。

They **may** call it a front-line town, but we're getting more people.
（最前線の街だっていうのに人が増えたよな）
「最前線の街と呼ぶかもしれないが」という意味で使われています。

以上のように、もっとも基本的な助動詞である can, must, may に ［**推測**］の意味があるということに注目しましょう。

Scene 1-46

Questions

1 そんな…!!
It (　　　) be...!!

2 あの壁は…50m…だぞ…
That wall's 50 meters (　　　)...

3 ヤツだ…
One (　　　) them...

Answers

1 can't

It can't be!! で「ありえない！」「そんなはずがない」という意味です。
Impossible! と置き換えてもいいと思います。
絶対安全と思われていた50mの壁から巨人が頭を出すなんて、まさにありえないことが実際起こってしまったのです。

2 high

「あの壁は50mだぞ」を直訳すると、That wall's 50 meters. だけでよいように思われます。しかし、何が50mなのか、幅なのか高さなのか、わかりやすい英文を作るためには、日本語では省略されがちな具体的な情報を必ず入れなければなりません。
たとえば、「写真を撮ってもらっていいですか」と、自分の写真を撮ってもらおうとカメラを渡しながら言うときは、Would you take a picture **of me**? のように **of me** を入れましょう。

3 of

この **of** は「～のうちの」という意味を表す of です。of はたくさんの意味を持った前置詞ですね（p.10参照）。
one **of** them / some **of** them / most **of** them / many **of** them などと使えますが、後ろに普通名詞を置く場合は、one **of the** Titans というふうに the を忘れずに、そして可算名詞は複数形にしましょう。
ところで前置詞 of の後の代名詞 them の形に注目しましょう。目的格の them、つまり動詞の後に目的語として置くときと同じ形です。前置詞の後に置く名詞や代名詞も**前置詞の目的語**と呼び、代名詞は**目的格**で置きます。

巨人だ

Scene 1-47

A Titan!

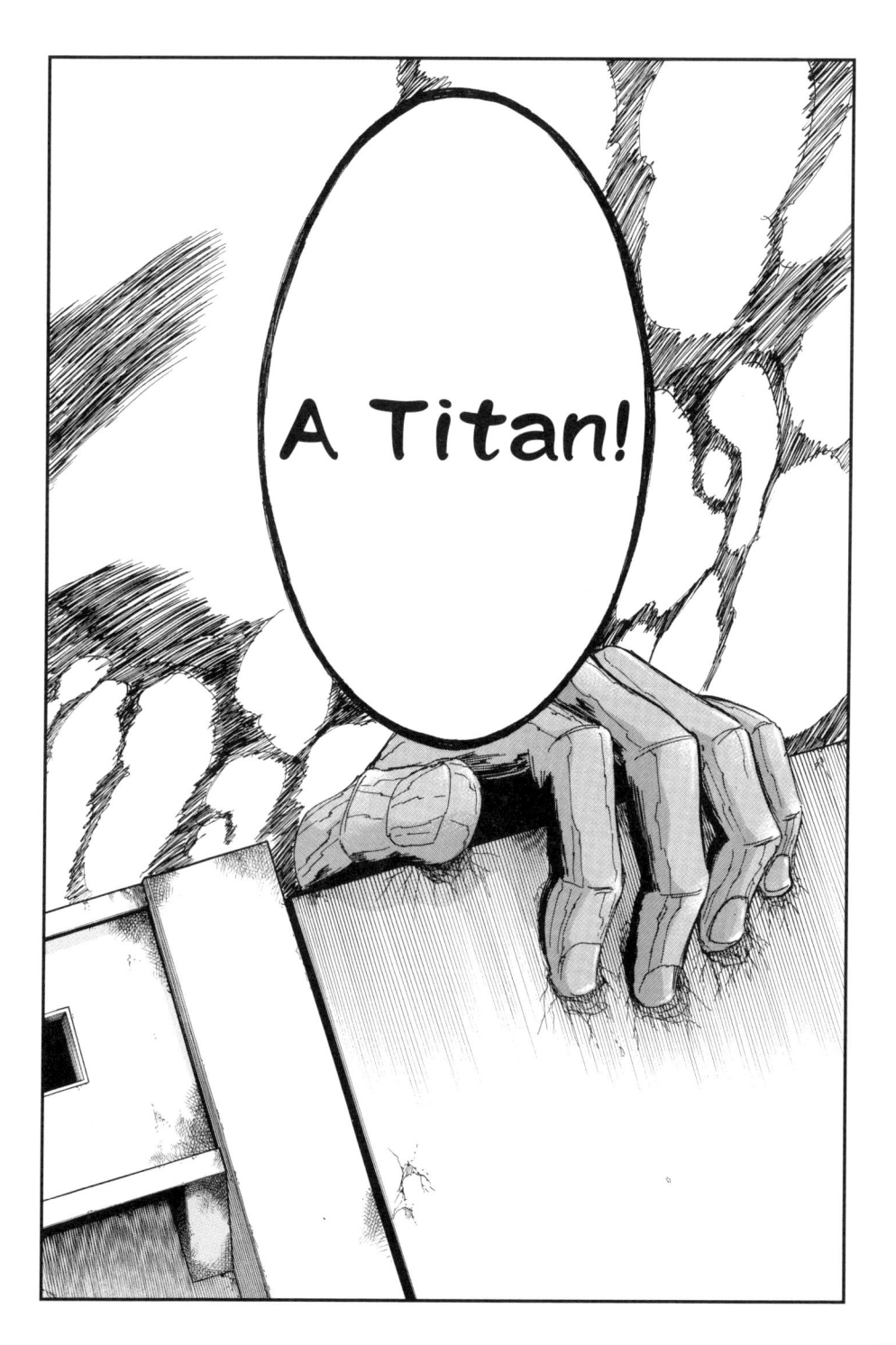

Scene 1-47

Scene 1-48

その日 人類は思い出した

Scene 1-49

ヤツらに、

支配されていた恐怖を…

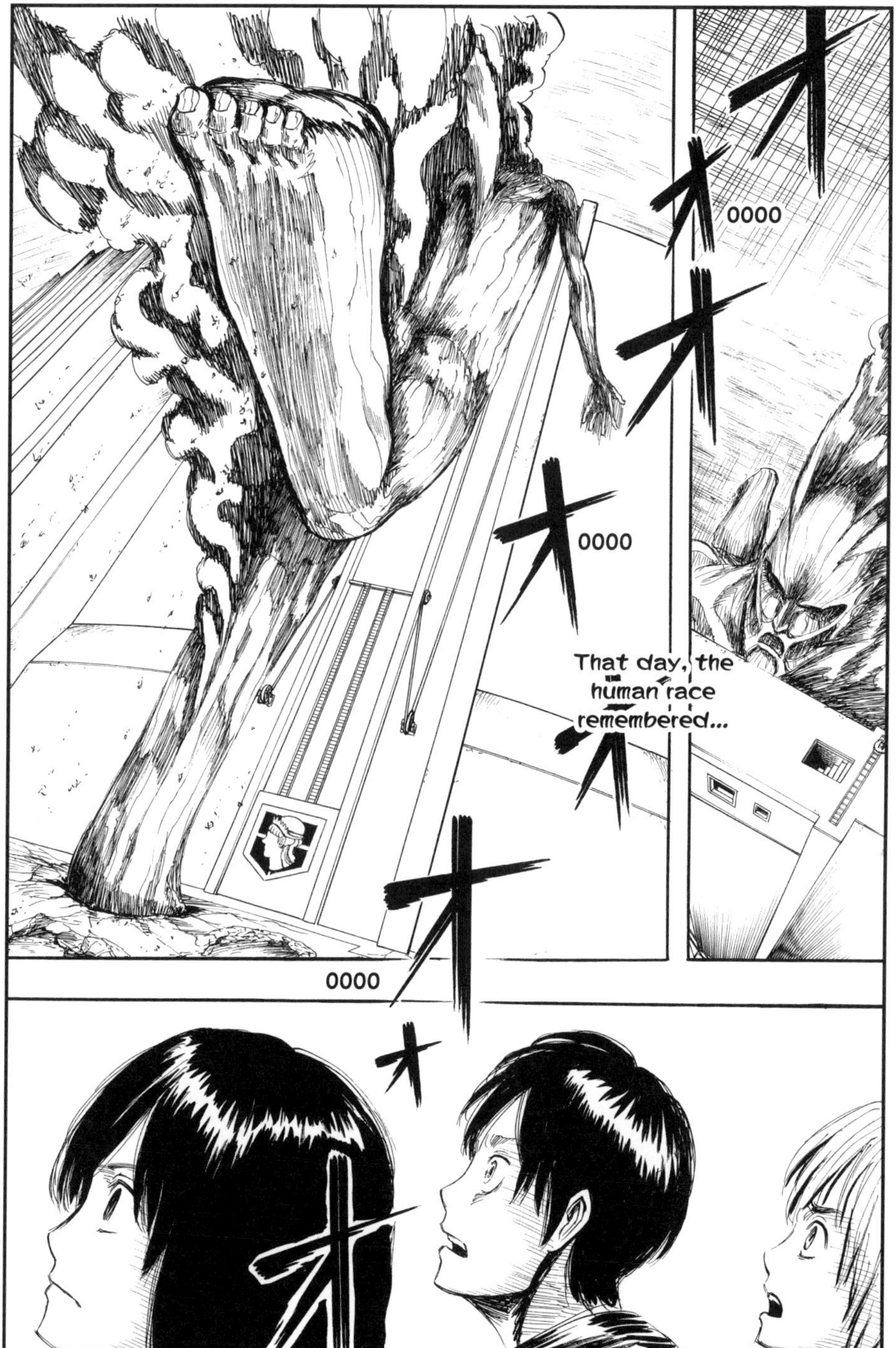
オ
オ
OOOO
オ
オ
OOOO
That day, the human race remembered...
オ
オ
OOOO
オ
オ

...the terror...

WHOOM

...of being dominated by them...

Scene 1-50

鳥籠の中に囚われていた屈辱を……

FWOOOO

...and the shame...

...of being held captive in a birdcage.

Attack on Vocabulary
英語の擬声語（onomatopoeia）

　漫画（manga）には、吹き出しの中に書かれたセリフ以外に、たくさんの擬声語（オノマトペ）が使用され、場面の雰囲気を盛り上げる効果音や、人の心情を的確に表すような大変重要な要素となっています。

　漫画の中で使われる、書き文字として描かれたオノマトペを指す、「音喩」という造語もあります。

　一般的な擬声語は英語にも対応語があります。

　・ドスン：THUD
　・バン　：BANG
　・ブーン：ZOOM
　・バシッ：ZAP
　・ズシン：WHUMP

　なかには、名詞や動詞として一般的に定着しているものもあります。
　KNOCK（コツコツ → 叩く）がいちばんよく使われている語ですが、ほかにも最近よく使うようになったCLICK（カチッ → クリックする）、TWEET（チーチー → さえずる、つぶやく）も、もともと擬音から来ているのです。
　そのほか、MUMBLE（ぶつぶつ → つぶやく）、ROAR（ウォー → 吠える）などもあります。

　それ以外に、日本語の表現が独特すぎて、対応訳語が見つからないものもあります。

　・ガーン → SHOCK
　・シーン → SILENT

　本書にもたくさん登場していますので、楽しんでみてください。
　なお、擬声語の部分は英語ではすべて大文字で表します。

第2話 その日

Episode 2：That Day

第2話 その日

> 周知の通り
> 今から107年前

> 我々以外の
> 人類は…皆

> 巨人に
> 食い尽くされた

Scene2-1

Episode 2: That Day

As everyone knows, 107 years ago...

...the entire human race, save for us...

...was devoured by the Titans.

entire：全体の、完全な

Questions

1 周知の通り
As everyone（know / knows）

2 我々（　　　）の人類は…皆
The entire human race, save for us...

Answers

1 knows

everyone は「全員」と訳すことから複数扱いと思いがちですが、every は each と同様に、「すべて」ではなく「各々の」というイメージなので、**every のつく名詞は3人称単数扱い**です。主語に入ったときには動詞の活用に注意しましょう。
　as「〜の通り、〜のように」という接続詞です。**as you know**（ご存じのように）という表現も、覚えておくと便利ですよ。

2 以外

save は重要な多義語です。以下のように、動詞として幅広く使えます。
▶ **save** money：貯金する / **save** one's life：命を救う / **save** appearances：体面を保つ / **save** the water：水を節約する / It'll **save** you a lot of trouble.：手間を省く、など
また、**save** あるいは **save for** で「〜以外」という意味の前置詞としての使い方もあります。

Attack on 英文法　as の用法

as は非常にたくさんの意味と使い方を持つ語です。最も基本的な接続詞と前置詞の意味をあげてみましょう。

[接続詞]
　①〜ので［理由］
　②〜時、〜すると、〜しながら［時・同時性］
　③〜するように、〜するのと同じように［様態］
　④〜するにつれて［比例］
　⑤〜と［as 〜 as の後ろの as］　※前の as は〜に入る形容詞や副詞を修飾する副詞です。
　⑥〜けれども［譲歩］
　⑦〜限りでの［名詞の限定］

[前置詞]
　①〜のように
　②〜のときに
　③〜として

Attack on Vocabulary
主な前置詞一覧

ここまで、いろいろな前置詞に関する説明が出てきています。**主な前置詞とその代表的な意味**を紹介します。

ただし、幅広い意味を持った前置詞や、日本語の意味だけで考えていては間違いやすい前置詞もありますので、基本的な意味を覚えたら、さらにその語の持つイメージを深める学習をしていくとよいと思います。

aboard：〜に乗り込んで / about：〜について / above：〜の上に、〜の上方に / across：〜を横切って / after：〜の後に / against：〜に対して / along：〜に沿って / among：〜の間に / around：〜のまわりに / as：〜として / at：〜で、〜に / before：〜の前に / behind：〜の後ろに / below：〜の下方に / beneath：〜の下に / beside：〜のそばに / besides：〜のほかにも / between：〜の間に / beyond：〜を超えて / but：〜を除いて / by：〜によって / despite：〜にもかかわらず / down：〜の下へ / during：〜の間に / except：〜を除いて / for：〜のために、〜に（とって） / from：〜から / in：〜の中に / inside：〜の中に、内側に / into：〜の中へ / less：〜ぶん少ない、〜を引いた / like：〜のように / near：〜の近くに / of：〜の / off：〜から離れて / on：〜に接して / onto：〜の上へ / opposite：〜の向こう側に / out：〜の外へ / outside：〜の外側に / over：〜の上に / past：〜を通り過ぎて / plus：〜を加えた / round：〜のまわりに / save：〜を除いて / since：〜からずっと / than：〜よりも / through：〜を通って / throughout：〜の間（ずっと） / till：〜まで / to：〜に、〜まで / toward：〜の方へ / under：〜の真下に / underneath：〜の下に / until：〜まで / up：〜の上に / upon：〜に接して / via：〜を通って / with：〜と / within：〜のうちに / without：〜なしで、〜せずに

Scene2-2

その後 我々の先祖は巨人の越えられない強固な「壁」を築くことによって

巨人の存在しない安全な領域を確保することに成功したが…

それも5年前までの話…

Scene 2-3

諸君らの中には その場に居合わせた者も 少なくないだろう

5年前 再び 惨劇は起きた

Scene 2-2

...and thus successfully secured a safe, Titan-free domain.

Following that, our ancestors constructed mighty walls that the Titans couldn't get over...

That is, until five years ago...

ancestor：祖先 / construct：建設する / mighty：強力な、強大な / thus：それ故に、したがって、このようにして

Scene 2-3

I'm sure many of you were present there...

...five years ago, when tragedy struck again.

tragedy：悲劇、惨事 / strike：(地震・雷などが) 襲う、打つ

Scene 2-2

✠ Questions

1 その後 我々の先祖は巨人の越えられない強固な「壁」を築くことによって
(Following / Followed) that, our ancestors constructed mighty walls that the Titans couldn't get over...

2 巨人の存在しない安全な領域を確保することに成功したが…
...and thus successfully secured a safe, (Titan-　　) domain.

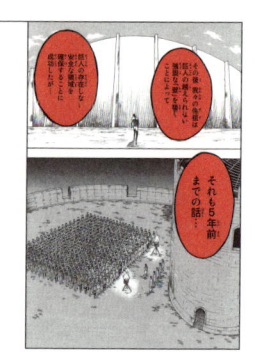

3 それも５年前までの話…
That is, (by / until) five years ago...

Answers

1 Following

　follow は「後に続く」という意味の動詞ですが、現在分詞 **following** から発展して、①形容詞「次の」(the following year：翌年)、②前置詞「～の後に、～に続いて」などの使い方をします。ここでは後者の前置詞「そのことに続いて」という意味になっています。
　following の後の that に関してですが、代名詞 this や that は物を指して「これ」や「あれ、それ」と訳すほかに、前述の内容全体を指して、「このこと」や「あのこと、そのこと」と訳すことができます。ここでは、Scene2-1 で述べられた「107年前に我々以外の人類が巨人に食い尽くされた」という出来事を指しています。

2 free

　free は「自由」と覚えずに、**「何かがない状態」全般のイメージ**としてとらえると応用が広がります（「自由」は「束縛がない状態」です）。「暇な、無料の」という訳語もよく使います。
　また、**-free** とハイフンで名詞と連結させて「～のない」という意味で広く使われます。
　以下のような言葉は、日本においてカタカナ語としても定着しており、おなじみですね。
▶ alcohol-**free**（＝ non-alcoholic）：ノンアルコールの / barrier-**free**：バリアフリー / caffeine-**free**：カフェイン抜きの、など
　はたして人類は "Titan-free life" を取り戻すことができるのでしょうか。

3 until

　until（＝ **till**）は前置詞あるいは接続詞で「～まで」という意味です。
　ある時点までの継続「～まで」と期限や終了時刻「～までに」の区別はつけられますか。英語では前者の意味で **until / till**（前置詞、接続詞）、後者の意味で **by**（前置詞）、**by the time**（接続詞）を使いますが、混同しやすいので注意が必要です。

Scene 2-3

✍ Questions

1 諸君らの中にはその場に居合わせた者も少なくないだろう
I'm sure many of you were (　　　) there.

2 5年前 再び惨劇は起きた
Five years ago, (　　　) tragedy struck again.

🐉 Answers

1 present

present は「プレゼント（する）」のほかに、まったく違う意味を持つ多義語です。
①名詞「今、現在」、②形容詞「存在している、その場にいる、出席している、現在の」、③動詞「提示する（名詞形 presentation：プレゼンテーション）」などの意味があります。
この場合の present は、②の「その場にいる、出席している」という意味で使われています。
出席・点呼で「はい」と答えるときは "Yes." ではなく "Present." と言いましょう。
反意語は **absent**（不在の、欠席している）。併せて覚えるといいですね。

2 when

関係副詞の when です。通常はカンマなしで時を表す名詞を修飾します。
Eren won't forget the day **when** he lost her mother.（エレンは母をなくした日を忘れないだろう）
when 以下「彼が母をなくした」という修飾をつけることによって、the day がどんな日なのかを特定しています。
それに対して、カンマを伴う関係詞の用法を**非制限用法**といって、後から意味を補足する働きがあります。先行詞がすでに特定の名詞の場合、この非制限用法を使います。
Five years ago, **when** tragedy struck again.
（5年前〔諸君らの中にはその場に居合わせた者も少なくないだろう〕、そのとき惨劇が再び起きたのだ）
5年前はすでに特定された時間なので、カンマで区切って「そのとき惨劇が再び起きた」という情報を後ろから追加しています。日本語訳も前文から訳して、「(そして)そのとき」と続けて訳すこともできます。

Scene2-4

Scene 2-5

動くぞ!!

!?

巨人は最大でも15mのはず…!50mの壁から頭を出すなんて——

あ……ありえない

Scene 2-4

Scene 2-5

It's moving!!

Even the biggest Titans are less than 15 meters tall...! For its head to stick out over a 50-meter wall...!

?!

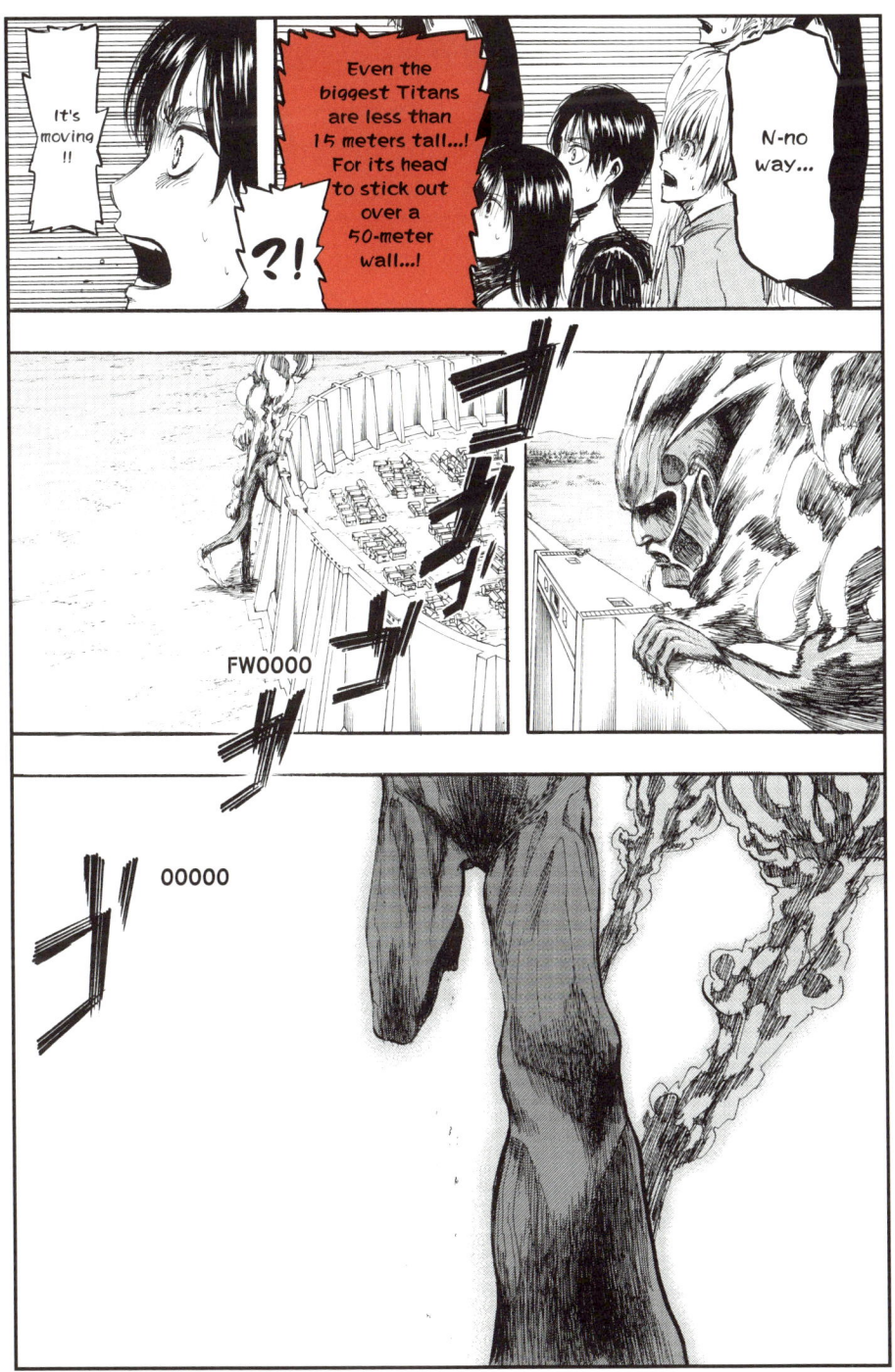

N-no way...

FWOOOO

OOOOO

stick out：突き出す

Attack on 英文法　受動態

> 107 years ago, the entire human race,
> save for us, was devoured by the Titans.
> 今から107年前 我々以外の人類は…皆 巨人に食い尽くされた

受動態は「AはBを〜する」を「BはAによって〜される」という関係に書き換えるものです。
基本的な作り方は、**S(A) + V + O(B) → S(B) + be Vpp + by (A)** となります。
The Titans devoured the entire human race.
→ The entire human race **was devoured by the Titans.**

by〜（〜によって）の部分が特に重要ではない場合、**省略**されます。
An all-out attack **was launched** (by them).
総攻撃を仕掛けた（総攻撃が仕掛けられた）
My whole family **was cured** (by him).　みんな助かったんだ

be動詞の代わりに **get** を使うこともあります。be動詞を使った受動態が動作なのか状態なのか曖昧なのに比べて、getを使うと動作を表し、さらに動きが出ます。
Did the rest **get eaten**?　みんな食われちまったのか？
My legs **got crushed by the rubble.**　脚が瓦礫に潰されて

受動態は、常に**be動詞**を変形させてその後に過去分詞を添えると理解すれば単純です。

［完了形（have + Vpp）］：have / has / had + been + Vpp
Humanity's sphere of influence **has been driven** back to Wall Rose.
人間の活動領域はウォール・ローゼまで後退した

［進行形（be + Ving）］：am / is / are / was / were + being + Vpp
So basically our taxes **are being used** to fatten up those bastards.
これじゃあオレらの税でヤツらを太らせてるようなもんだなぁ

［助動詞（助 + V原形）］：助 + be（原形）+ Vpp
No one **can be saved** in this situation.　この状況では誰も助からない

［不定詞（to + V原形）］：to + be（原形）+ Vpp
Humanity is going **to be devoured** by the Titans again.　巨人に食いつくされる

［動名詞（Ving）］：being + Vpp
the shame of **being held** captive in a birdcage　鳥籠の中に囚われていた屈辱

Scene 2-5

Questions

1 巨人は最大でも15mのはず…！
Even the biggest Titans are (　　　) than 15 meters (　　　)…!

2 50mの壁から頭を出すなんて──
For its head to stick out (　　　) a 50-meter wall…!

Answers

1 less, tall

　50mの高さの壁の向こうから頭を出す超大型巨人がいきなり現れて、衝撃を受ける場面です。これまで知られていた普通の巨人は４m級、７m級、15m級ですから、Even the biggest Titans（最大級の巨人でさえ）、less than 15 meters tall（15m以下の身長）と、最上級と比較級の重ね使いで強調することにより、衝撃を表現しています。
　less than 〜は数字の前にそのまま置いて「〜以下」（「〜以上」は **more than** 〜）の意味を加えます。この場合、「せいぜい15mなのに」くらいの意味がこめられています。

2 over

　「壁から」の日本語につられて from を入れてしまうと、壁そのものの中に巨人がいてそこから頭を出しているおかしな図になります。
　絵からもわかるように「壁の上に」超大型巨人が頭を出している位置関係です。
　「〜の上に」を表す前置詞をまとめてみましょう。
　「上」と聞くとまず **on** を思い浮かべがちですが、on は「**表面上に**」というイメージで、その物体に接していれば、極端に言って下の部分にくっついていても使えます。
　over は何かを上から覆っているイメージで、そのものに接していても接していなくても使うことができます。
　同じく「上方に」を表す前置詞に **above** がありますが、on と違って**接触はしておらず**、また、over と違って高度が上であれば**位置が離れていても使えます**。
　▶100 meters **above sea level**：海抜100m
　この場面では、above も間違いではないですが、巨人が覗き込むように頭を突き出しているので over がピッタリです。

Scene2-6

Scene2-7

Scene 2-6

BA

KOOOM

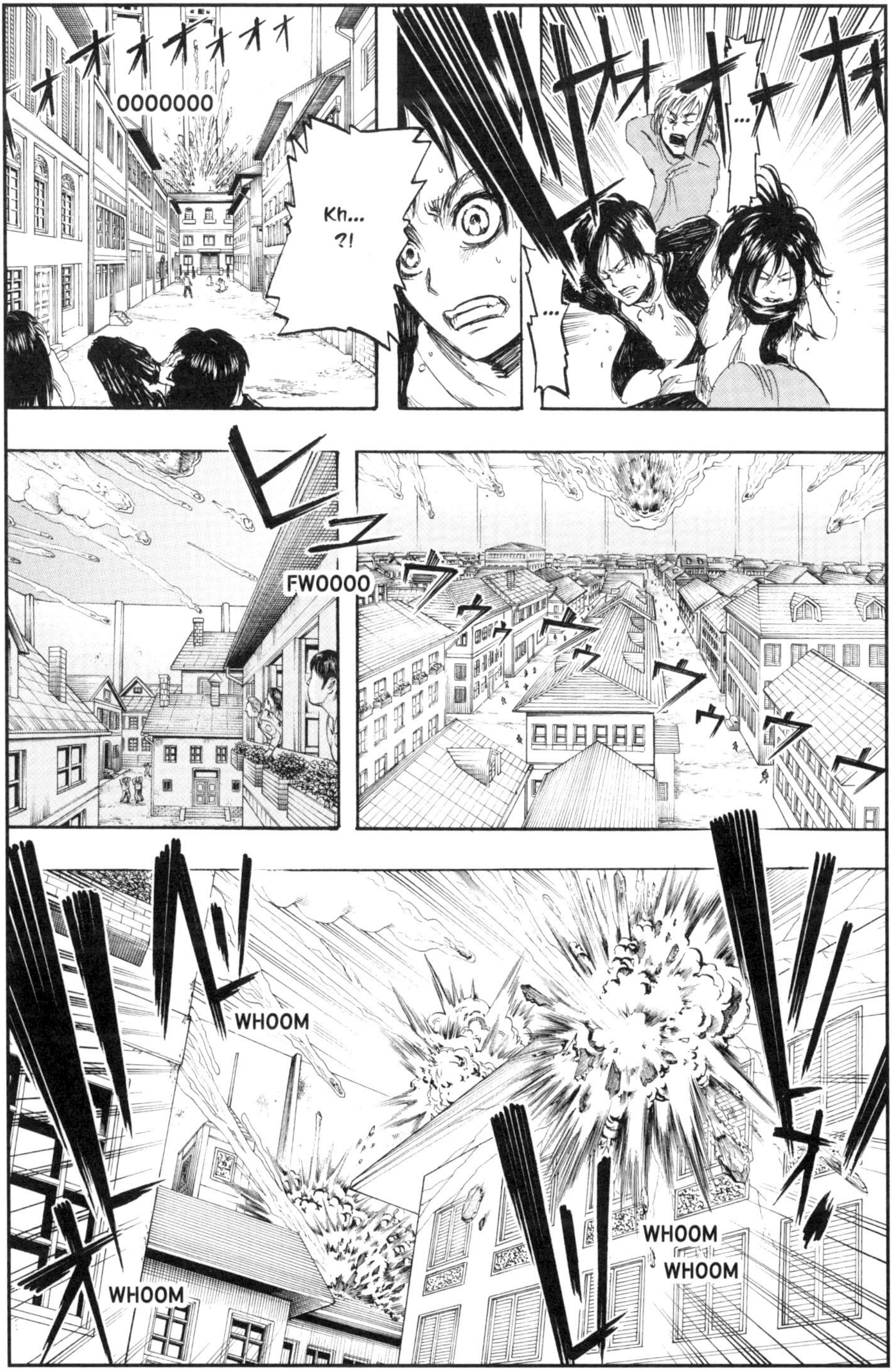
...
...
Kh...
?!
OOOOOOO
FWOOOO
WHOOM
WHOOM
WHOOM
WHOOM

Attack on 英文法　関係代名詞

Our ancestors constructed mighty walls that the Titans couldn't get over.
その後 我々の先祖は巨人の越えられない強固な「壁」を築いた

関係代名詞とは、主語や目的語になる代名詞の役割を保ちながら、文と文を接続する役割をする語です。

修飾を受ける名詞を**先行詞**と呼びます。
先行詞を指している代名詞 They を関係代名詞 **who** に変えて先行詞の直後に置きます。

Are these the only ones? ＋ **They** made it back.
→ Are these the only ones 〈**who** made it back〉?
これだけしか帰ってこれなかったのか（これらが帰って来た唯一の者たちか？）

このように関係代名詞の導く修飾節が主節の間に入り込んでくると少し複雑になります。

Everyone will have died in vain. ＋ **They** died up to now.
Everyone 〈**who** died up to now〉 will have died in vain!
今までに死んだ人達の命が無駄になる！

先行詞が人以外の物や動物であるとき、関係代名詞 **which** を使います。
また、人の場合も物の場合も使うことのできる関係代名詞 **that** もあります。

My family came down with the disease 〈**which / that** killed so much of our town〉.
オレの家内が、町の多くの人が死んだ流行の病気にかかった

they – their – them のように、関係代名詞 who も **who – whose – whom** と活用します。
たとえば次のような文では、関係代名詞が修飾節中、目的語になっています。

She is the girl. ＋ They call **her** the most talented.
→ She is the girl 〈**whom** they call the most talented〉.
彼女は彼らが逸材と呼ぶ少女だ

このように、her を関係代名詞 whom に変えて先行詞の直後、つまり修飾節の先頭に移動させます。which や that は目的語になる場合も形は変えません。

修飾節中で目的語になっている関係代名詞は、省略されることがほとんどです。
That's all 〈(**that**) we were able to get back〉.　それだけしか取り返せませんでした

Attack on 英文法　関係副詞

> Is it better to escape from reality, to the point where you're throwing away your hope?
> あえて希望を捨ててまで現実逃避する方が良いのか？
> ——エレン

　関係副詞も先行詞を修飾する形で２文をつなぐ役割をする語ですが、関係代名詞が修飾節中で、主語や目的語など、代名詞としての働きを持っているのに対し、修飾節中で、［時］［場所］［理由］［方法］を表す副詞の役割をしているのが関係副詞です。
　したがって、先行詞も、［時］［場所］［理由］［方法］を表す名詞に限られます。

①［時］：when
　先行詞には、the time, the day, the year などが入ります。
　We never forget the day 〈**when** the tragedy happened〉.
　我々は悲劇が起こった日を決して忘れない

②［場所］：where
　先行詞には、the place, the house, the city など物理的な場所を示す語のほか、the point（地点）、the case（場合）など、状況的な空間を示す語も入ります。
　This is the place 〈**where** my family used to live〉.
　ここが私たち家族が住んでいた場所だ

③［理由］：why
　先行詞には、**the reason** が入ります。
　Tell me the reason 〈**why** you want to join the Survey Corps〉.
　お前が調査兵団に入りたい理由を話してごらん

④［方法］：how
　先行詞には、**the way** が入ります。
　しばしば、関係副詞が省略されたり、あるいは関係副詞の先行詞が省略されたりすることはありますが、the way + how に関しては、**必ず、the way だけ、あるいは how だけが単独**で使われます。
　This was ***the way*** [***how***] we survive the fight with a Titan.
　こうやって我々は巨人との戦いから生還した（これが〜した方法だ）

Scene 2-8

か……壁に……
……!!
穴を空けられた…!?
……

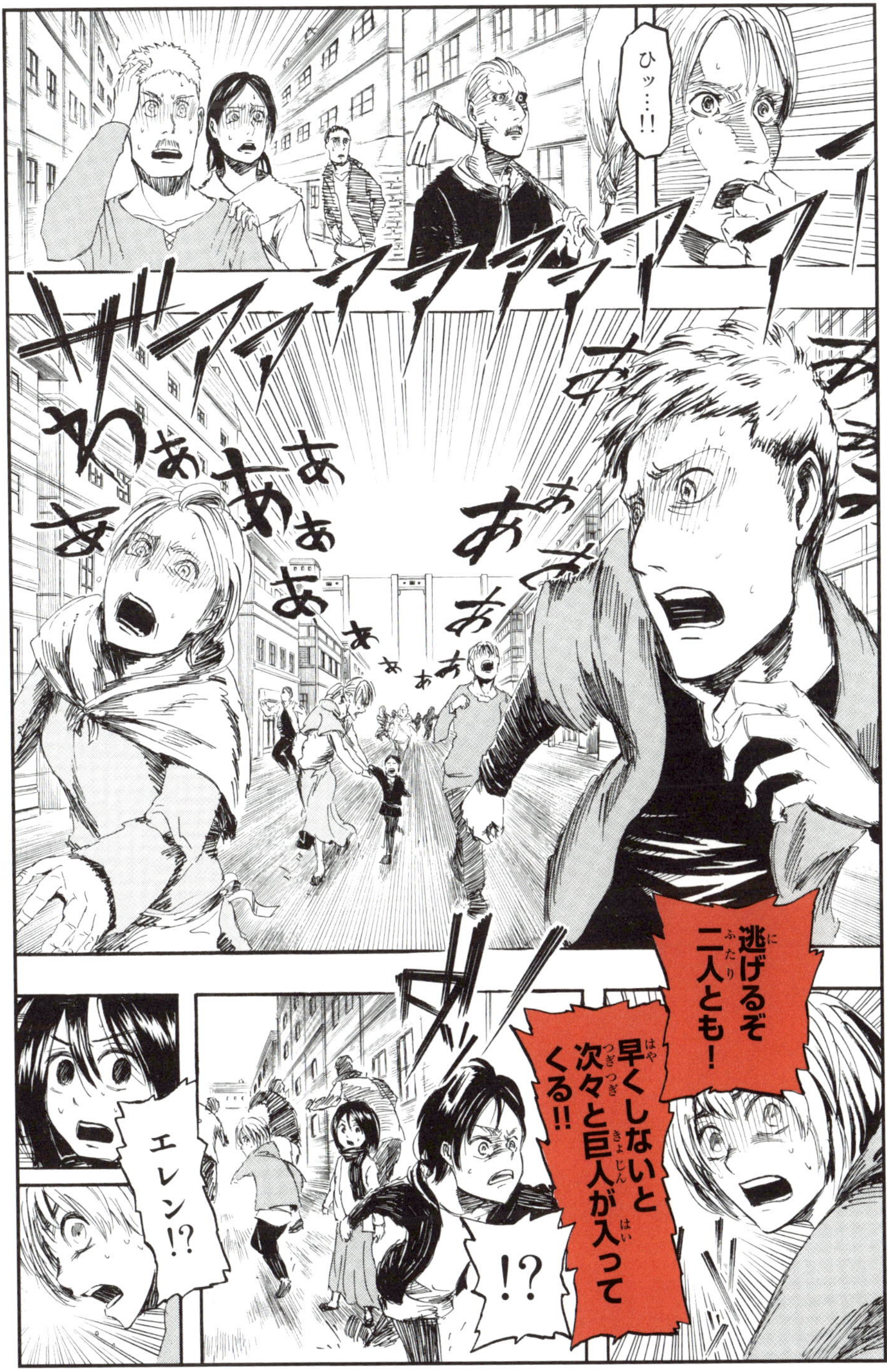
ひッ…!!
逃げるぞ二人とも!
早くしないと次々と巨人が入ってくる!!
!?
エレン!?

Scene 2-8

FOOOO

FWOOOO

FOOOO

OOO ...Ah... OOO

OOOO OOOOO

...made a hole in the wall?!

I-it...

...

Scene 2-9

Ah...!!

FWOOSH

WAAAAAA

Eren?!

DASH

!?

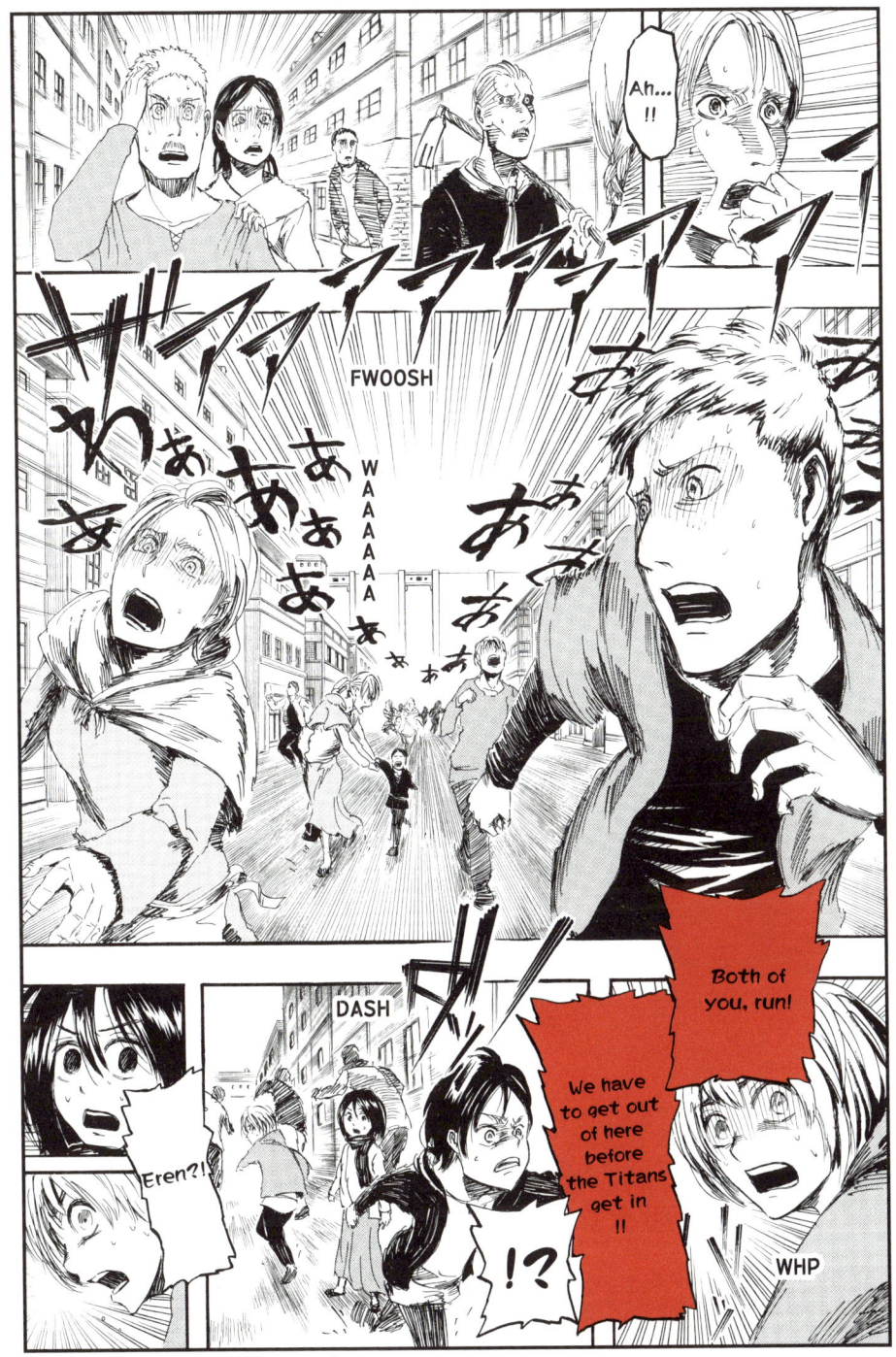

Both of you, run!

We have to get out of here before the Titans get in!!

WHP

get out of～：〜から外へ出る、〜から逃げ出す

Scene 2-8

⚔ Questions

1 壁に…穴を空けられた…!?
It (　　　) a hole in the wall?!

🐎 Answers

1 made

「穴をあける」の英訳ですが、open a hole とは言いません。
通常、**make a hole** あるいは create a hole と言います。
ほかに、たとえばもっと具体的に、パンチやドリルで穴を空けるときはそれぞれ、punch a hole / drill a hole と言い、ハサミやカッターで切り抜くときは cut a hole などと言います。

Attack on vocabulary
make を使った熟語

🛡 基本動詞の **make** を使った熟語を集めました。
make に「作る」という意味しか思い浮かばない人もいるかもしれませんが、単に何か形のあるものを作るにとどまらず、いろいろな状況や、動作や行為の結果を作り出すと考えると、理解が深まりますよ。

be *made* up of 〜：〜から成り立つ / *make* a face：しかめっ面をする / *make* a fool of 〜：〜を笑いものにする / *make* a mistake：間違う / *make* a speech：演説する / *make* an effort：努力する / *make* at 〜：〜に襲い掛かる / *make* away：逃げ去る / *make* believe 〜：〜のふりをする / *make* both (two) ends meet：(予算内で) やりくりをする / *make* do with 〜：(代用品などで) 間に合わせる / *make* for 〜：〜の方向へ進む / *make* friends with 〜：〜と友達になる / *make* fun of 〜：〜をからかう / *make* it a rule to do：必ず〜することにしている / *make* it up with 〜：〜と仲直りする / *make* little of 〜：〜を軽んじる、〜を無視する / *make* much of 〜：〜を重要視する / *make* no difference：問題でない / *make* nothing of 〜：〜が理解できない / *make* off 〜：急いで去る / *make* out 〜：〜を理解する、〜を見分ける / *make* progress：進歩する / *make* room for 〜：〜に場所をあける / *make* sense：意味をなす / *make* the best of, *make* the most of 〜：〜を最大限活用する / *make* up for 〜：〜の埋め合わせをする / *make* up one's mind：決心する / *make* use of 〜：〜を利用する / *make* one's living：生計を立てる

Scene 2-9

Questions

1 逃げるぞ二人とも！
(　　　) of you, run!

2 早くしないと次々と巨人が入ってくる!!
We (have to / must) get out of here before the Titans get in!!

Answers

1 Both

both（両方）の主な使い方は次の通りです。
▶ **both A and B**：AとBの両方 / **both of ～**：～の両方

2 have to

have to は「～しなければならない＝must」と覚えている人は多いかもしれませんが、実際には、**have to と must は、ニュアンスの異なる別の表現**と考えて使い分ける必要があります。must の方がかなり強い表現なので、相手や場面によっては注意しなければいけません。

主語が I や we の1人称のとき、have to は、「（自分が）～しなければいけない状況にある」ということを表しますが、must の場合、主語である「話し手の意志」が入ります。

たとえば、「巨人と戦わねば！」と言う場合、I have to fight with the Titans! と言うより、I must fight with the Titans! と言う方が、決意を込められます。

また、主語が you のとき、have to を使うと「（相手が）～する必要がある」と客観的に言うのに対して、must を使うとほとんど命令文と同じくらいの強い言い方になります。

そして何より、否定文にすると、**don't have to** は「～する必要がない」ですが、それに対して must not は「～してはいけない」となりますね。

Attack on Vocabulary
相関接続詞について

both A and B（AとBの両方〔AもBも〕）のように、一対の語句が対応して接続詞に似た働きをする表現を**相関接続詞**といいます。

- **either A or B**：AかBかどちらか
- **neither A nor B**：AもBもどちらも～ない
- **not A but B**：AではなくB
- **not only A but also B**：AだけでなくBも
- **A as well as B**：B同様Aも

Scene 2-10

家に当たってるわけがない

とっくに逃げたに決まってる…

……

……
…クソッ!!

いつもの

あの角を曲がれば

……
いつもの家が…

Scene 2-10

!!

Mikasa!!

Mom's at home!!

DASH

Those pieces of the wall fell near the houses!!

HUFF

Ulp...!!

HUFF

QUIVER

QUIVER

...

HUFF

...

HUFF

will be over-run by Titans!!

This town...

It's ...too late...

fall：落ちる、降る、倒れる / overrun（= run over）：はびこる、侵略する

Scene 2-11

HUFF HUFF

WAAAAA

There's no way my house was hit!

TATATA

HUFF HUFF

I'm sure she's already escaped...

HUFF

...just like always!

!!

TATATA HUFF

Ah...!!

Dammit!!

When I round that corner...

...my house will be there...

HUFF

TATA

hit：叩く、打つ、(天災が) 襲う / escape：逃げる、免れる

Scene 2-10

Questions

1 壁の破片が飛んでった先に家が!!
Those pieces of the wall fell (　　　) the houses!!

2 もう…駄目なんだ…
It's (　　　) late...

3 この街は…もう…無数の巨人に占領される!!
This town will (　　　) overrun by Titans!!

Answers

1 near

near は動詞（近づく）、形容詞（近い）、前置詞（〜の近くに）、副詞（近くで）というように、オールマイティに「近い」関係をカバーできる単語です。

2 too

"It's too late." なんと絶望的な響きでしょう。形容詞や副詞の前に **too** を置いて修飾すると「〜過ぎる」という意味になりますが、単に「とても〜だ」という意味を添える very や so などと違って「〜過ぎて〜できない」という否定の意味が暗に込められるのが特徴です。

3 be

助動詞の後に受動態が続く場合は、〈助動詞＋ be（原形）＋ Vpp〉となります。

Scene 2-11

❌ Questions

1 とっくに逃げたに決まってる…
I'm (　　　) she's already escaped...

2 あの角を曲がれば…いつもの家が…
When I (will round / round) that corner, my house will be there...

🐴 Answers

1 sure

▶ **sure**：確信して、たしかに

"**Are you sure?**"（ほんと？、本気？）や "**Sure!**"（もちろん！、いいよ！）は、日常会話で頻繁に使われますが、下記の２つの使い分けに注意して、表現の幅を広げましょう。

▶ **be sure** *that SV*, [*of ～ing*]：～ということを確信している
Eren **is sure that** his mom is safe. = I**'m sure of** his mom be**ing** safe.
（エレンは母さんがきっと無事だと思っている）

▶ **be sure to V**：必ず～する
We**'re sure to** get Mom out of here!
（オレらは必ずここから母さんを救い出すんだ！）

2 round

「あの角を曲がるとき」は時間的には未来のことです。「（未来において）あの角を曲がると（未来において）家がそこにある」ということなのですが、ここでは will や be going to を使わず現在形で表します。このように、**時や条件を表す副詞節**の中では、未来のことであっても単純に現在形で代用するという重要なルールがあるからです。

このルールを適用する主な接続詞には、次のようなものがあります。①[時]：**when**（～するときに）、**before**（～する前に）、**after**（～した後に）、**until / till**（～するまで）、**by the time**（～するまでには）、**as soon as**（～するとすぐに）など。②[条件]：**if**（もし～ならば）、**unless**（～しない限り）

母さん!!
ハァッ
ハァッ
ハァッ
ハァッ
ハァッ
ガッ
母さん…?
!!
ピクッ
……エレンかい?
ミカサ!そっちを持て!!
この柱をどかすぞ!!
ザッ
行くぞ!!
せーの!!
ググググ

Scene 2-13

Scene 2-12

HUFF
DASH
HUFF
HUFF
HUFF
Mom!!
HUFF

...Eren, is that you?

TWITCH

!! Mom...?
RATTLE

Let's go!!
One, two... three!!
SHUDDER

We're gonna move this pillar!!
CREAK
Mikasa! Hold that!!

pillar：柱

Scene 2-13

Questions

1 ミカサ！ そっちを持て!!
Mikasa! (　　　) that!!

2 この柱をどかすぞ!!
We're gonna (move / to move / moving) this pillar!!

Answers

1 Hold

「持て」とあるからといって have を使ってはいけません。
　have は広く何かを所有している状態を表し、「持つ」は1つの訳語にすぎません。
　この場面でエレンがミカサに「持て」と言っているのは、倒れた家の柱を持ち上げようとして、そちらの端を「持て」と言っているのですね。このように「何か重いものを持つ／抱える／支える」ときは hold を使うのがよいでしょう。

2 move

先に説明しましたが、gonna というのは going to の短縮形です（p.82参照）。
　We're **going to** move this pillar!! → We're **gonna** move this pillar!! となります。
　ここで、will と be going to の違いを考えてみましょう。
　どちらも未来形を作る表現として will ＝ be going to と習いましたが、実際は明確なニュアンスの違いがあります。
①発話しているときに決意された意志は will を使い、以前から決めていた意志は be going to を使う。
　（電話が鳴って）私が出ます　　　　　　→　I'll get it.（I'm going to get it. とは言わない）
　（明日暇かと聞かれて）友達に会う予定がある　→　I'm going to see a friend.
　I'll see a friend. と答えてしまうと、その場で予定を作ったようで気まずいですね。
②一般的に、単なる未来の予測は will を使うのに対して、話し手の確信を込めるときには be going to を使う。
　（天気予報で）明日は雨が降るでしょう　→　It **will** rain tomorrow.
　（黒い雲を見て）雨が降りそうだ　　　　→　It's **going to** rain.
　エレンが「お母さんを助けるんだ」とはっきりとした意志で行動しているこの場面では、be going to を使うのがピッタリですね。will を使うとちょっと他人事のようになります。

Attack on 英文法　比較の基本

As long as we live...
人生が続く限り…

　2つ、2人、あるいはそれ以上の物や人を比べて、「同じくらい～だ」「より～だ」「いちばん～だ」と**比較する表現**をまとめます。

[比較級の表現]
　まず、比較とは、誰かと誰か、何かと何かの様子や状態、程度を比べるのですから、形容詞と副詞を「同じくらい」（原級）、「より～」（比較級）、「いちばん～」（最上級）の形に変化させます。
- **規則変化**は、原級の語尾に、比較級 **-er**、最上級 **-est** をつけます。
  high – higher – highest, young – younger – youngest、など
- 語尾が、〈**子音字＋y**〉で終わる語は、**y を i** に変えます。
  ear**ly** – earl**i**er – earl**i**est, bus**y** – bus**i**er – bus**i**est、など
- 語尾が、〈**1母音字＋1子音字**〉で終わる語は、**最後の子音を重ねて**表記します。
  big – bi**gg**er – bi**gg**est、など
- 2音節語のほとんど、3音節以上の語、〈形容詞＋ly〉からなる副詞は、語尾を変化させる代わりに、前に **more / most** を置きます。
  careful – **more** careful – **most** careful, beautiful – **more** beautiful – **most** beautiful, easily – **more** easily – **most** easily、など
- **不規則変化**をする語もあります。
  good / well – better – best, bad / ill – worse – worst, many / much – more – most, little – less – least、など

[原級を使った表現]：AとBは同じくらい～だ
「同じくらい」を表す副詞 **as** を原級の前につけて、その後に比べるものを接続詞 **as** で結びます。基本的に比較表現は、次のように、2つの文と文を結合させたものと考えます。
　A is tall. ＋ B is tall. → A is **as tall as B**（is）.（AとBは同じくらいの背の高さだ）
最後の重複する動詞は省略できます。
I won't let you do anything **as foolish as joining the Survey Corps**（is）.
駄目だからね調査兵団なんてバカなマネ
← I won't let you do anything **foolish**. ＋ Joining the Survey Corps is foolish.

　否定文は「～ほど～ない」と訳します。この場合、前の as を so に換えることができます。
Armin is not *as* [*so*] **strong as Eren**.　アルミンはエレンほど強くはない

Scene 2-14

ミカサ急げ!!

わかってる急ぐんだ!!

きょ…巨人が…入って来たんだろ?

エレン!!ミカサを連れて逃げなさい!!

早く!!

…に…

逃げたいよオレも!!早く出てくれよ!!

早く!!一緒に逃げよう!!

母さんの足は瓦礫に潰されてここから出られたとしても走れない…わかるだろ?

オレが担いで走るよ!!

……!!

Scene2-15

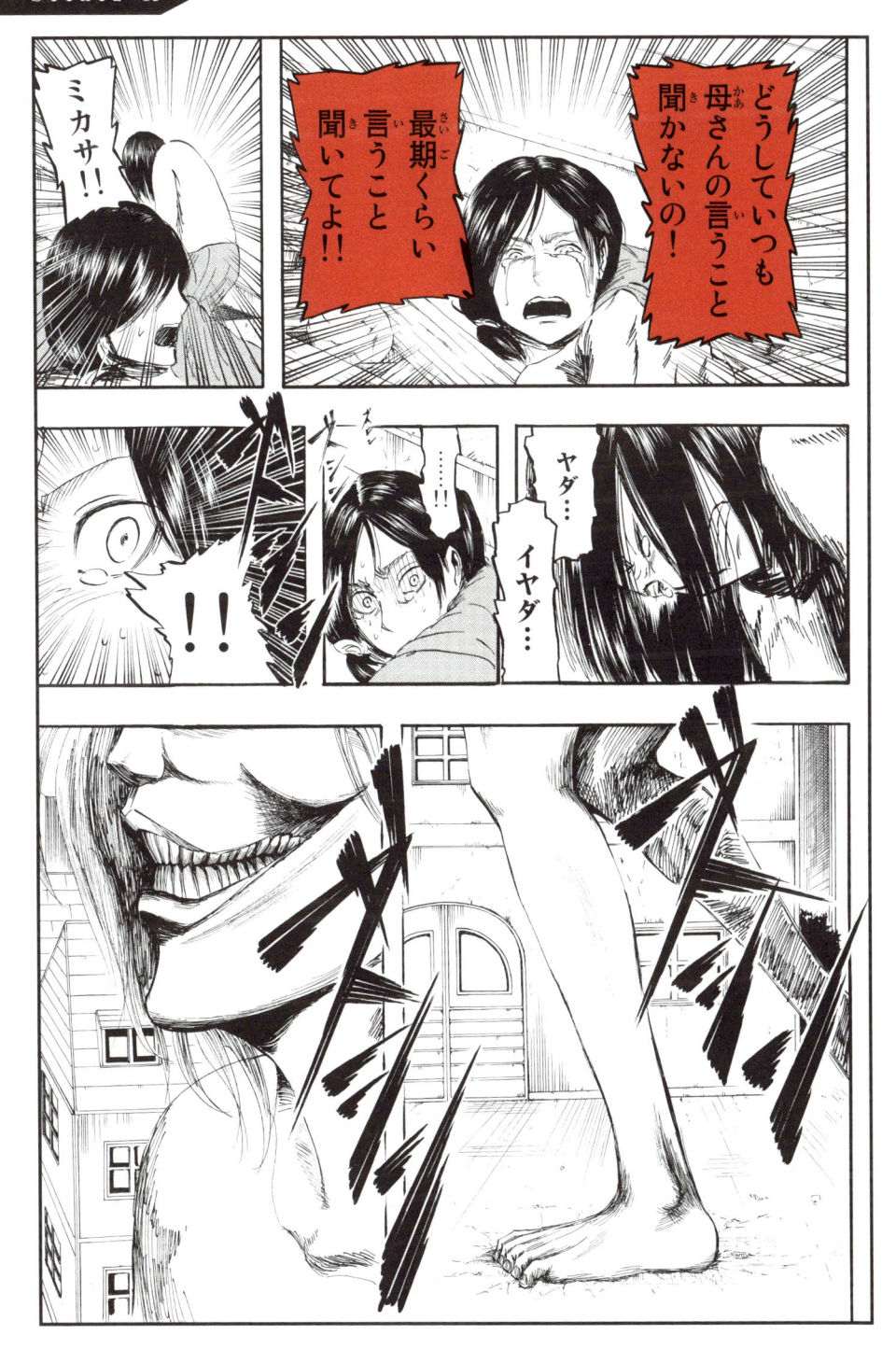

ミカサ!!

どうしていつも母さんの言うこと聞かないの!

最期くらい言うこと聞いてよ!!

!!

ヤダ…
イヤダ…

Scene 2-14

...got inside, didn't they?

T-The Titans...

HUFF
HUFF
TH-THUMP
TH-THUMP

Hurry up!!

I know!

Mikasa, hurry!!

SHUDDER

...I...

Now!!

!!

Eren!! Take Mikasa and get out of here!!

Come on!! Let's get out of here together!!

I'd love to!! So let's hurry up and get you out!!

...

I'll carry you!!

Even if you get me out, I can't run... You understand, don't you?

My legs got crushed by the rubble.

crush：押しつぶす、砕く / rubble：瓦礫、破片

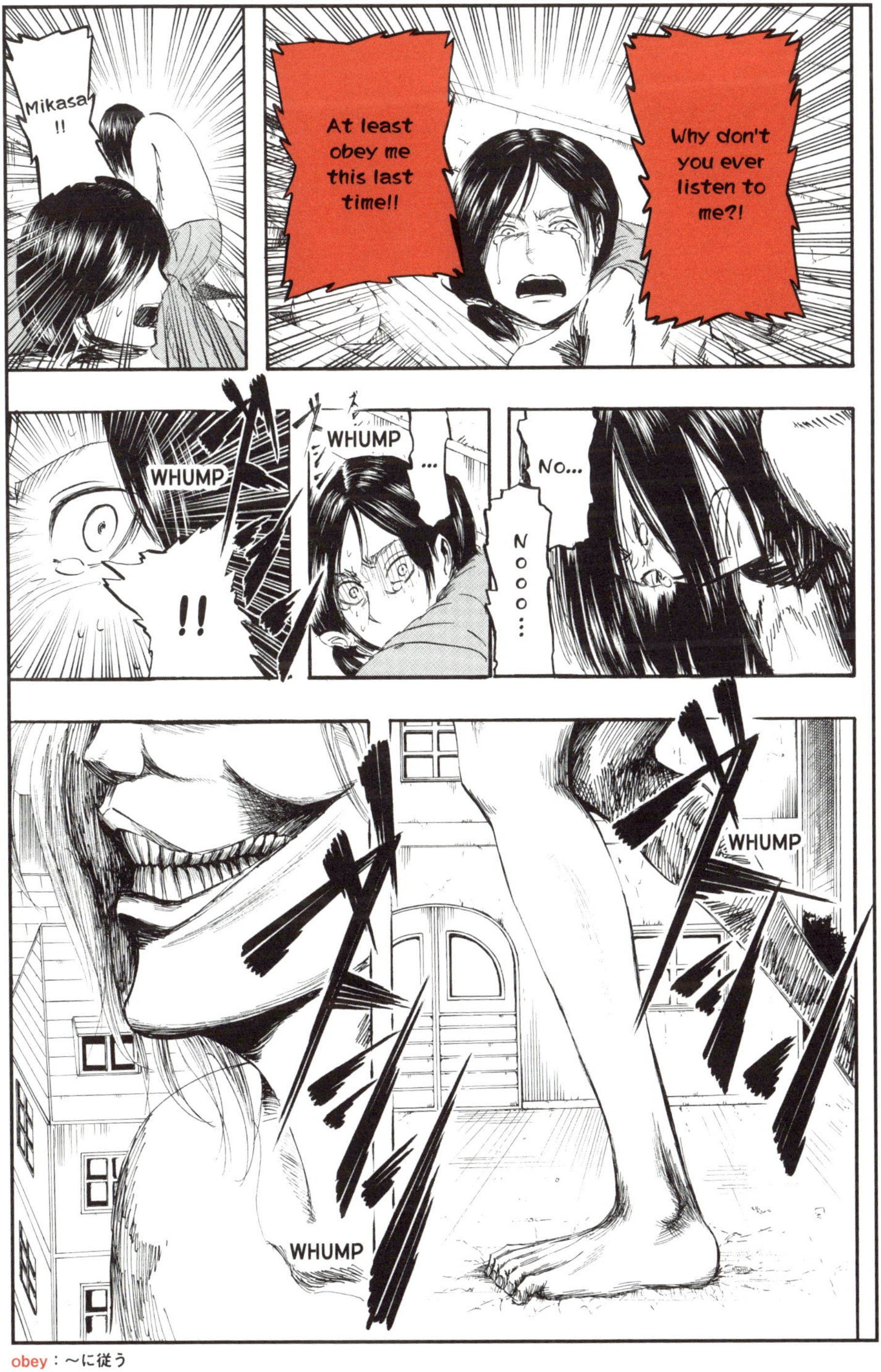
Why don't you ever listen to me?!
At least obey me this last time!!
Mikasa!!
No...
NOOOO...
WHUMP
...
WHUMP
!!
WHUMP
WHUMP

obey：〜に従う

Questions

1 巨人が…入って来たんだろ？
The Titans got inside, (　　　) they?

2 逃げたいよオレも!!
I'd love (　　　)!!

3 ここから出られたとしても走れない…
(　　　) if you get me out, I can't run...

Answers

1 didn't

　付加疑問文の作り方は前に説明しましたが（p.95参照）、一般動詞の肯定文の過去形なのでdidn'tと主語がTitansと複数なのでtheyをカンマの後に組み合わせます。
　ちなみに、同意を求めたり確認をしたりするときに使う付加疑問文の抑揚についてですが、「〜だよね」と特に相手の答えを求めないときは語尾を下げて読み、「〜だっけ」と若干疑問文のニュアンスを残すときは語尾を上げて読みます。

2 to

▶ 'd（would）love to = would like to：〜したい

　お母さんの"Get out of here!"（逃げなさい！）を受けて、本来ならI'd love to get out of here! となるところですが、get out of hereの部分の繰り返しを避けるためにtoで終わっています。
　このような用法を**代不定詞**といい、to不定詞のV原形部分が前出している場合に繰り返しを避けるためにtoのみで代用します。
You should stay inside the wall as your mom told you **to**.
（お母さんの言うように壁の中にいるべきよ）
ここでは、toの後ろにstay inside the wallが省略されています。
　ところで、話を元に戻して、**"I'd love to."** という表現ですが、"How about going for dinner?"（食事行かない？）などと誘われたときに"I'd love to!"（行きたい！）というように使えるので覚えておくと便利な表現です。

3 Even

　ゴルフのスコアで「イーブンパー」と言ったり、何かの試合で「5対5のイーブンです」などと言ったり、**even** は形容詞として「等しい、公平な、五分五分の」などの意味で使われる一方で、Even a child knows it.（子どもでさえ知ってるよ）などと、「〜さえ」と強調する役割の副詞としても使います。

▶ **even if**：たとえ〜しても

Scene 2-15

Questions

1 どうしていつも母さんの言うこと聞かないの！
Why (　　　) you ever listen to me?!

2 最期くらい言うこと聞いてよ!!
(　　　) least obey me this last time!!

Answers

1 don't

Why don't you ～? という表現は、直訳では「どうして～しないのですか」。発展して「～したらどうだい、～しませんか？、～した方がいいよ」などの意味で、会話でよく使われます。

2 At

〈at＋最上級〉で次のような表現が作れます。
▶ **at least / at most**：少なくとも / 多くとも、**at worst / at best**：いくら悪くても / 良くても、**at earliest / at latest**：早くても / 遅くても、など

これらの表現は、もともとは最上級の前に the がついていますが、慣用句として使う場合、省略することがほとんどです。

Attack on 英文法　ever の使い方

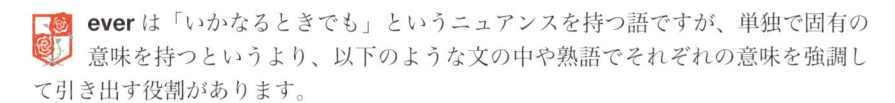

ever は「いかなるときでも」というニュアンスを持つ語ですが、単独で固有の意味を持つというより、以下のような文の中や熟語でそれぞれの意味を強調して引き出す役割があります。

①[経験の意味で特に完了形とともに]：今までに
　Have you **ever been** outside the wall?（今までに壁の外に行ったことがある？）

②[比較の文で]：これまでに
　The situation looks worse **than ever**. ＝ The situation looks **as** bad **as ever**.
　（状況はこれまでにないほど悪いようだ）

③[否定の強調]：決して
　No one will **ever** return from the battle with the Titans.
　（巨人との戦いから戻る者はいない）

④[熟語などで]：いつも
　ever after：その後ずっと / **for ever** ＝ **forever**：永遠に

⑤[疑問文や条件節などで]：いったい、そもそも
　Are you **ever** listening to me?
　（そもそもあなたは私の言うことを聞いてるの？）[古めの表現]

Scene2-16

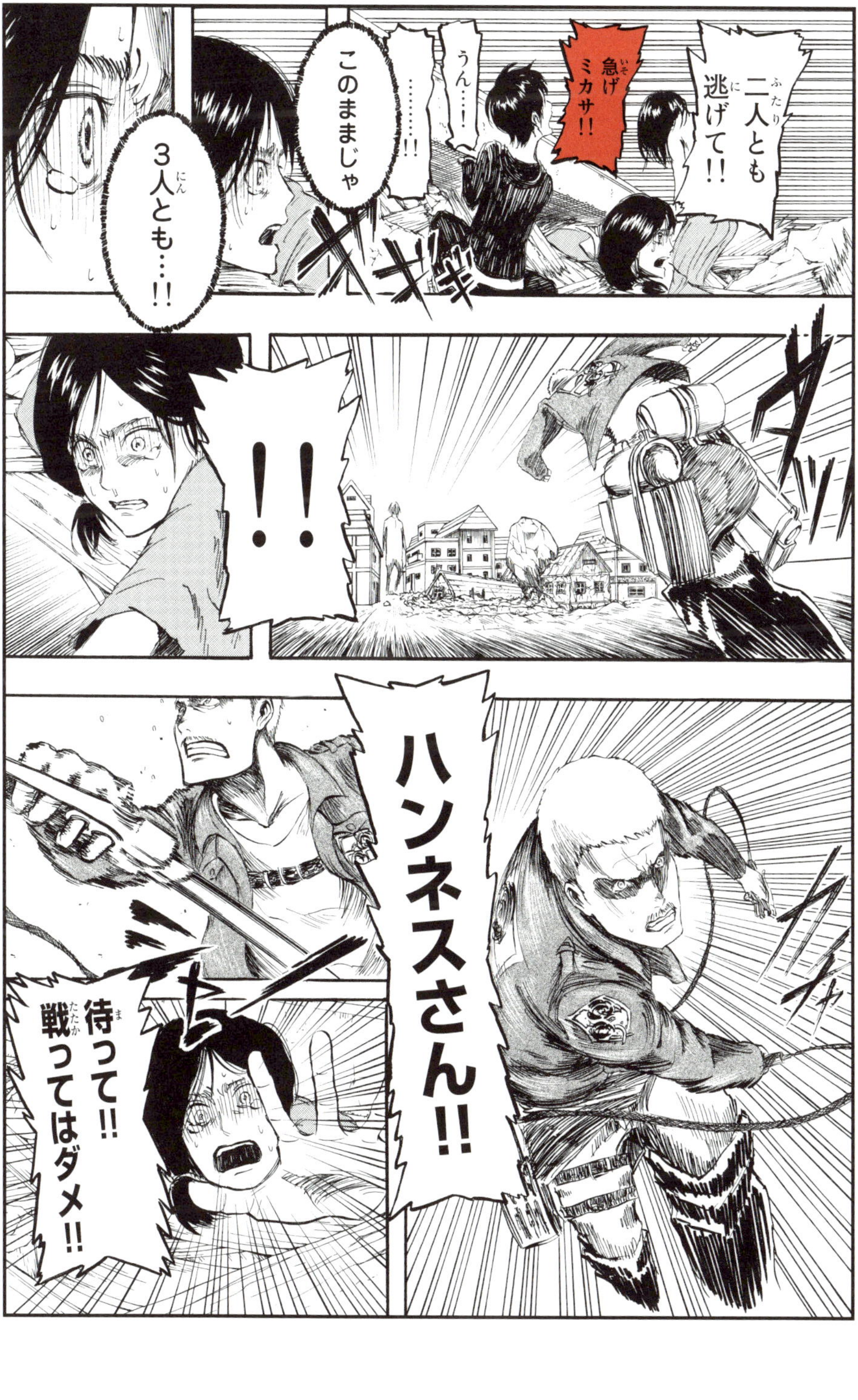
二人とも逃げて!!
急げミカサ!!
うん…!
……!!
このままじゃ
3人とも…!!
!!
ハンネスさん!!
待って!!
戦ってはダメ!!

Scene 2-16

WHUMP

WHUMP

WHUMP

WHUMP

210

Both of you, get away from here!!
Hurry up, Mikasa!!
Right...!
...
At this rate...
...all three of us will...!!
CREAK
DASH
!!
Mr. Hannes!!
KACHA
FWISH
Wait!! You mustn't fight it!!

Attack on 英文法　比較級・最上級の使い方

比較表現の中で、**比較級を使った表現、最上級を使った表現**の作り方をまとめます。

①[比較級を使った表現]：A は B より〜だ

　文中の**形容詞や副詞を比較級に変えて、その後に接続詞 than 〜の形で比較対象**になるものを置きます。もともと２つの文が結合されたものであることを意識して、正しい文を組み立てましょう。

　A is tall. ＋ B is tall. → A is **taller than B**（is）.（A は B より背が高い）
　最後の重複する動詞は省略できます。
　I'm **weaker than the average person**（is）.　僕は人より体力が無い
　← I'm **weak**. ＋ The average person is weak.
　I'm looking at reality **more than anyone**.　オレは誰よりも現実を見てる
　← I'm looking at reality **much**. ＋ Anyone is looking at reality much.

　程度を表す語を比較級の前に置くことができます。
　強調するときは **much, far, by far** などを置きます。
　This is **much** more important than that.
　そんなこと言ってる場合じゃないんだ（これはそれよりずっと重要なんだ）
　The outside world must be **ten times** bigger than inside the wall.
　きっと外の世界はこの壁の中の何十倍も広いんだ
　▶ **ten times**：何十倍

　more than / less than はそのまま数字の前に置いて、「〜以上 / 〜以下」と表現できます。
　There are less than 20 people here.　20人もいないぞ

②[最上級を使った表現]：いちばん〜だ

　文中の**形容詞や副詞を最上級に変えます**。後に、in the world（世界中で）、of all（すべての中で）、that I have ever seen（今まで見た中で）、などの表現が続くことが多いです。
　She was the **most talented** of all that's ever been through training.
　彼女は訓練を終えた者の中で最も優秀だった

Scene 2-17

Questions

1 急げ ミカサ‼
Hurry （　　　）, Mikasa!!

Answers

1 up

up は広く「上がる、上げる」といった上昇のイメージを持った語ですが、転じて「完全に、すっかり」というニュアンスを添えながら動詞と結びつくことも多いです。

Attack on Vocabulary
動詞＋up

動詞と up が結びついている表現をまとめてみましょう。

bind up：しっかり束ねる / blow up：爆破する / break up：壊れる、壊す、別れる、解散する / bring up：持ち上げる、育てる / brush up：(知識・技術などを) 磨き上げる / burn up：燃え上がる、燃え尽きる / call up：電話をかける、呼び起こす / catch up with 〜：〜に追いつく / be caught up in 〜：〜に巻き込まれる、夢中になる / check up：詳しく調べる / cheer up：元気づける / clean up：一掃する / close up：閉ざす、近寄る / come up to 〜：〜に達する / come up with 〜：思いつく、〜に追いつく / cover up：隠す、すっかり覆う / dress up：おしゃれする / drink up：飲み干す / eat up：食べつくす / end up 〜：〜に終わる / be fed up with 〜：〜に飽き飽きしている / fill up：満たす / finish up：使い切る、仕上げをする / freshen up：リフレッシュする / get up：起きる / give up：諦める / grade up：格上げする / grow up：成長する、させる / hang up：電話を切る、やめる / heat up：熱くなる / hold up：持ちこたえる / keep up：維持する、ついて行く / lift up：持ち上げる / light up：照らし出す / line up：1列に並ぶ / look up：見上げる、調べる / be made up of 〜：〜で構成されている / make up：作り上げる / make up for 〜：〜の埋め合わせをする / make up with 〜：〜と仲直りをする / mix up：混同する / pick up：持ち上げる、車で拾う、電話に出る / power up：強化する / put up with 〜：〜に耐える / round up：かき集める、要約する / set up：組み立てる / show up：現れる / shut up：黙らせる / sit up：寝ないで起きている / speed up：加速する / stand up：立ち上がる / sum up：合計する / throw up：放り投げる / tie up：結びつける / turn up：上を向く、姿を現す、音量を上げる

……!?

子供たちを連れて…逃げて!!

見くびってもらっちゃ困るぜ カルラ!!

オレはこの巨人をぶっ殺してきっちり3人とも助ける!

恩人の家族を救ってようやく恩返しを——

ハンネスさん!

……!!

……!!

お願い!!

確実に…

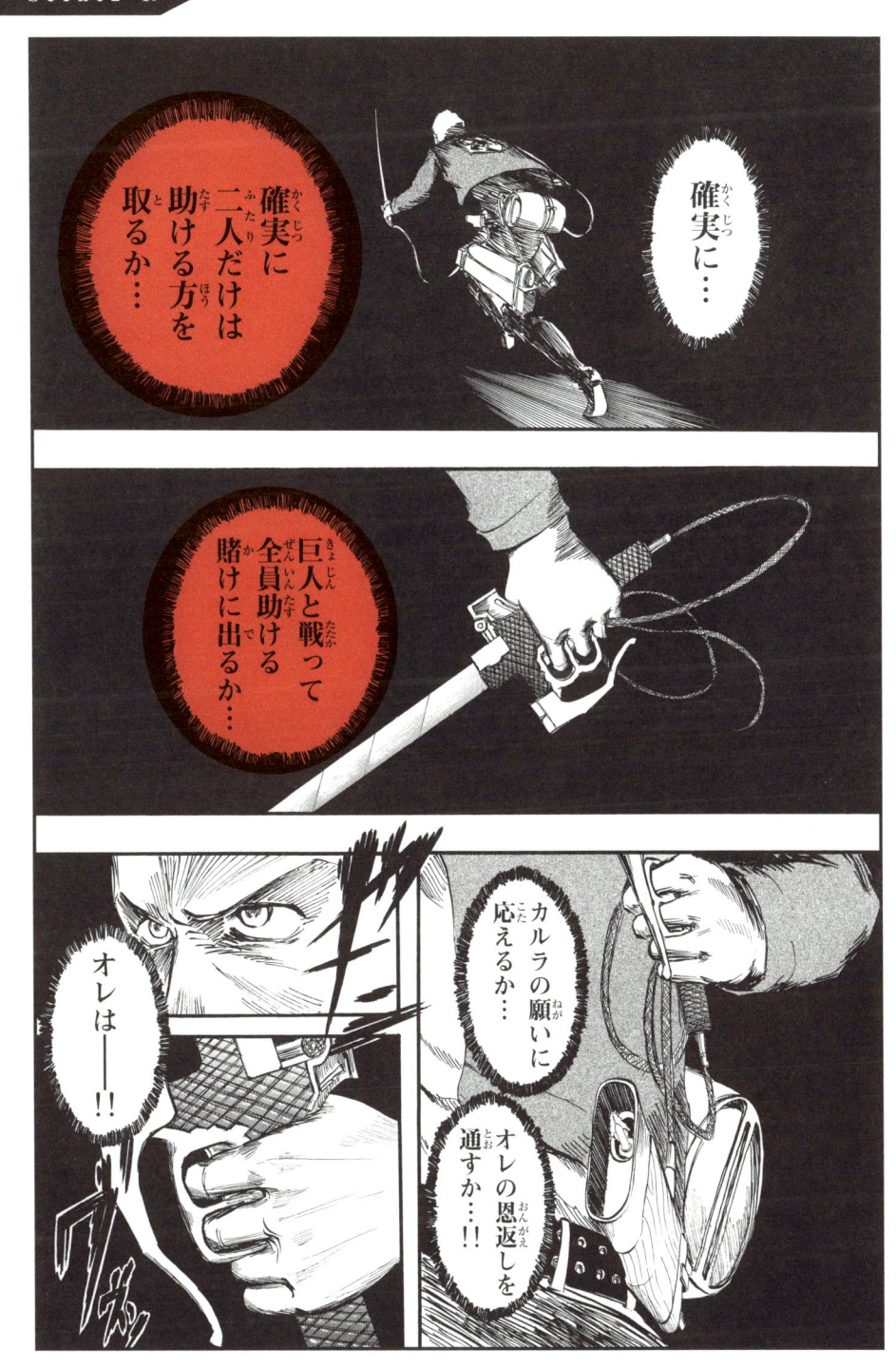

確実に二人だけは助ける方を取るか…

巨人と戦って全員助ける賭けに出るか…

カルラの願いに応えるか…
オレの恩返しを通すか…!!

オレは——!!

Scene 2-18

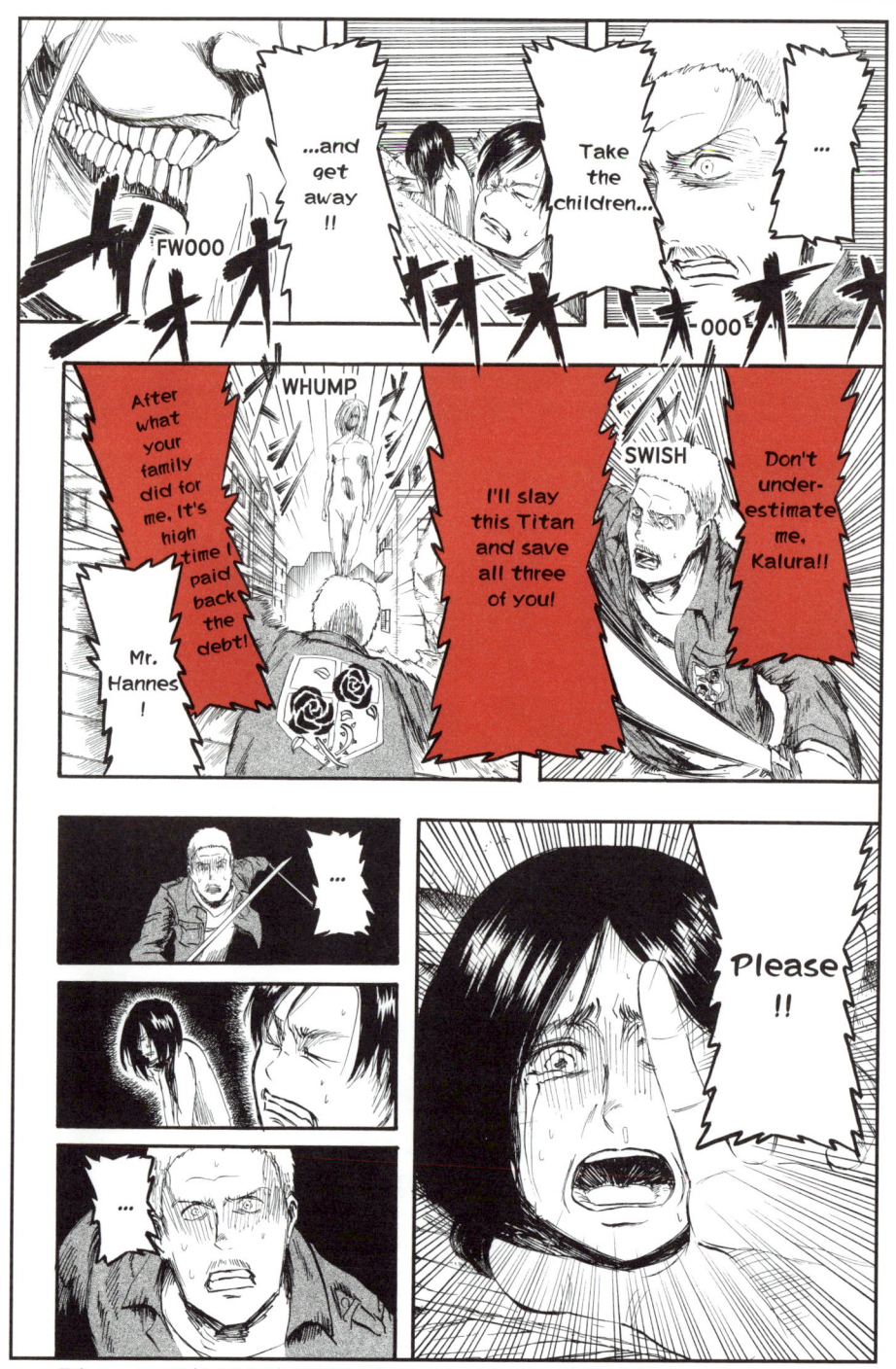

...and get away!!

Take the children...

...

FWOOO

WHUMP

After what your family did for me, it's high time I paid back the debt!

Mr. Hannes!

I'll slay this Titan and save all three of you!

SWISH

Don't underestimate me, Kalura!!

...

...

Please!!

---

slay：殺す　/　**pay back**：（人にお金を）返済する、仕返しする　/　**debt**：借金、借り、恩義

216

Scene 2-19

...the sure thing and just rescue the kids?

Do I go with...

Or do I take a chance fighting the Titan to try to save the three of them...?

GLARE

I'm gonna...

SQUEEZE

Listen to Kalura...?

Or pay back my debt...?!

rescue：〜を救助する

Scene 2-18

🏰 Questions

1 見くびってもらっちゃ困るぜ カルラ!!
Don't underestimate (   ), Kalura!!

2 オレは この巨人をぶっ殺して きっちり3人とも助ける！
I'll slay this Titan and (   ) all three of you!

3 ようやく恩返しを──
It's high time I (pay / will pay / paid) back the debt!

🐴 Answers

1 me

「見くびる」という日本語自体ちょっと難しいかもしれませんが、「相手の力を実際より低く見る」ということです。estimate（見積もる、評価する）に under をつけた underestimate（低く見積もる、低く評価する）が訳語としてぴったりです。
　ハンネスは、何を低く評価してもらっちゃ困ると言っているのでしょうか。
　もちろん、自分の勇気や能力など、そういうことを全部含めて「オレを見くびってもらっちゃ困る」と言っているのですから、目的語には me の1語を入れればよいでしょう。

2 save

「助ける」の主な訳語として help, save, rescue がありますが、help は危機的状況とまでいかない場面で単に「手伝う」程度も含めて広範囲に使えるのに対して、save や rescue は危険度の高い状況で「救う」という意味のみで使います。
　状況の危険度で並べると、**help ＜ save ＜ rescue** となります。

3 paid

▶ It is (*high* [*about*]) time SV. : もうそろそろ～してもよいころだ
SV の部分の動詞は**過去形**にします。
It is time you **went** to bed.（もう寝る時間だよ）
　本当だったら、そうしていなければいけないのにまだしていないという状況で発する表現、つまり現在の事実に反することを述べるので、**仮定法過去**（p.234参照）を使うわけです。
　直訳すると、「オレはもうそろそろ借りを返してもいいころだ」となります。

Scene 2-19

Questions

1. 確実に二人だけは助ける方を取るか…
   Do I go (　　　) the sure thing and just rescue the kids?

2. 巨人と戦って全員助ける賭けに出るか…
   Or do I take a chance (to fight / fighting) the Titan to try (to save / saving) the three of them...?

Answers

1 with

go with は誰かと一緒に、あるいは何かを持ってどこかに行くという意味に留まりません。
①［〜によく合う］
Spicy food **goes with** beer.（辛い食べ物はビールによく合う）
②［同意する、同調する］
I **go with** analogue.（私はアナログ派だ）
I'd like to **go with** the second plan.（2番目の計画で行きたい）
③［選ぶ］
"I'm gonna **go with** bacon egg burger."（私、ベーコンエッグバーガーにするわ）

2 fighting, to save

▶ **take a chance Ving**：いちかばちかやってみる
「〜する機会」というときには a chance to V と不定詞を使って修飾しますが、「いちかばちかやってみる」という表現のときには、後ろに動名詞を置きます。
try to V（〜しようとする）、**try Ving**（〜してみる）のように、try の目的語に不定詞を置く場合と動名詞を置く場合では意味が変わってきます。

これらの2つの表現に共通する、不定詞と動名詞の使い分けですが、**不定詞は主に「まだやっていない先の行為」**を表すのに対して、**動名詞は主に、「実際に行う行為」**を表します。

Scene 2-20

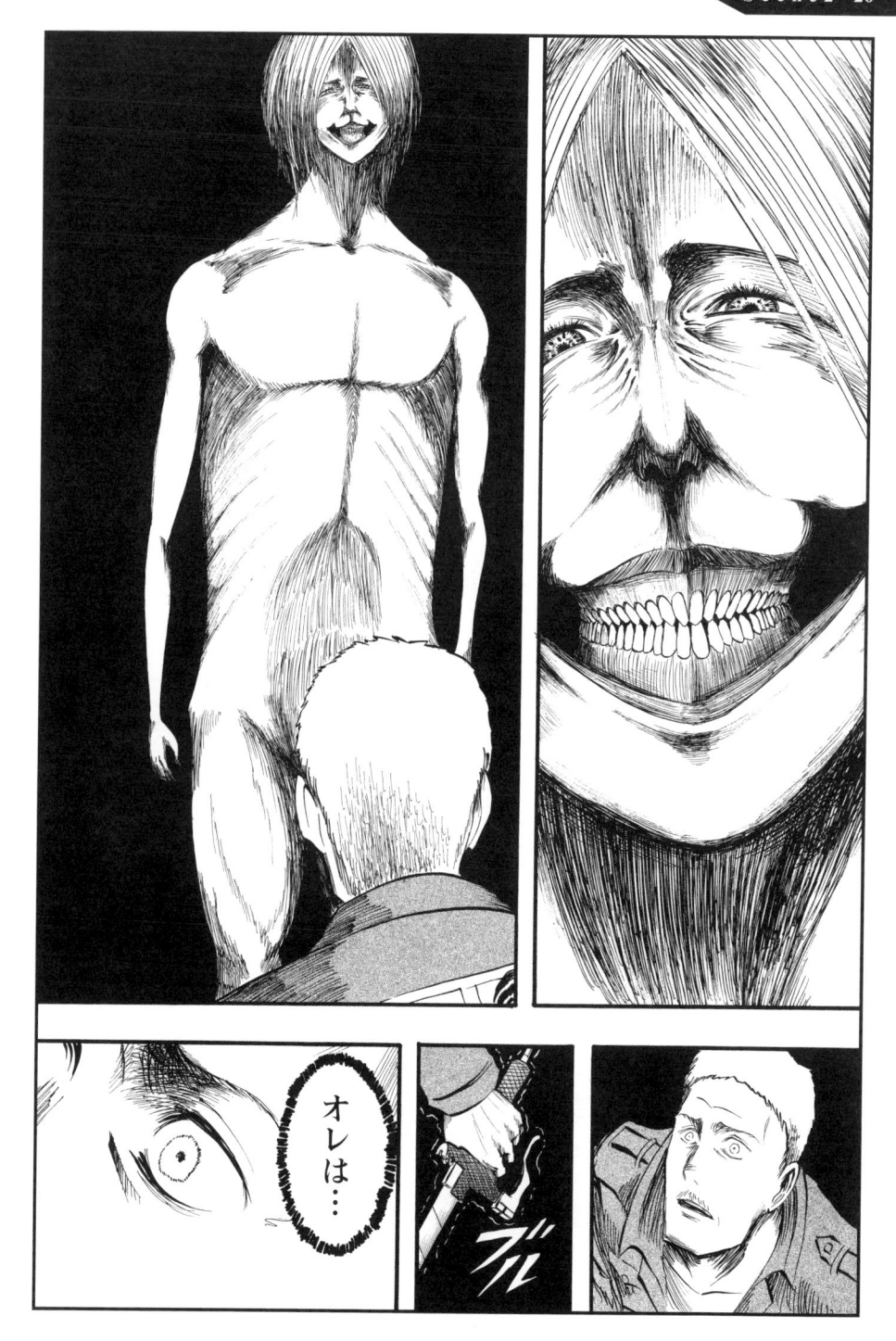

オレは…

220

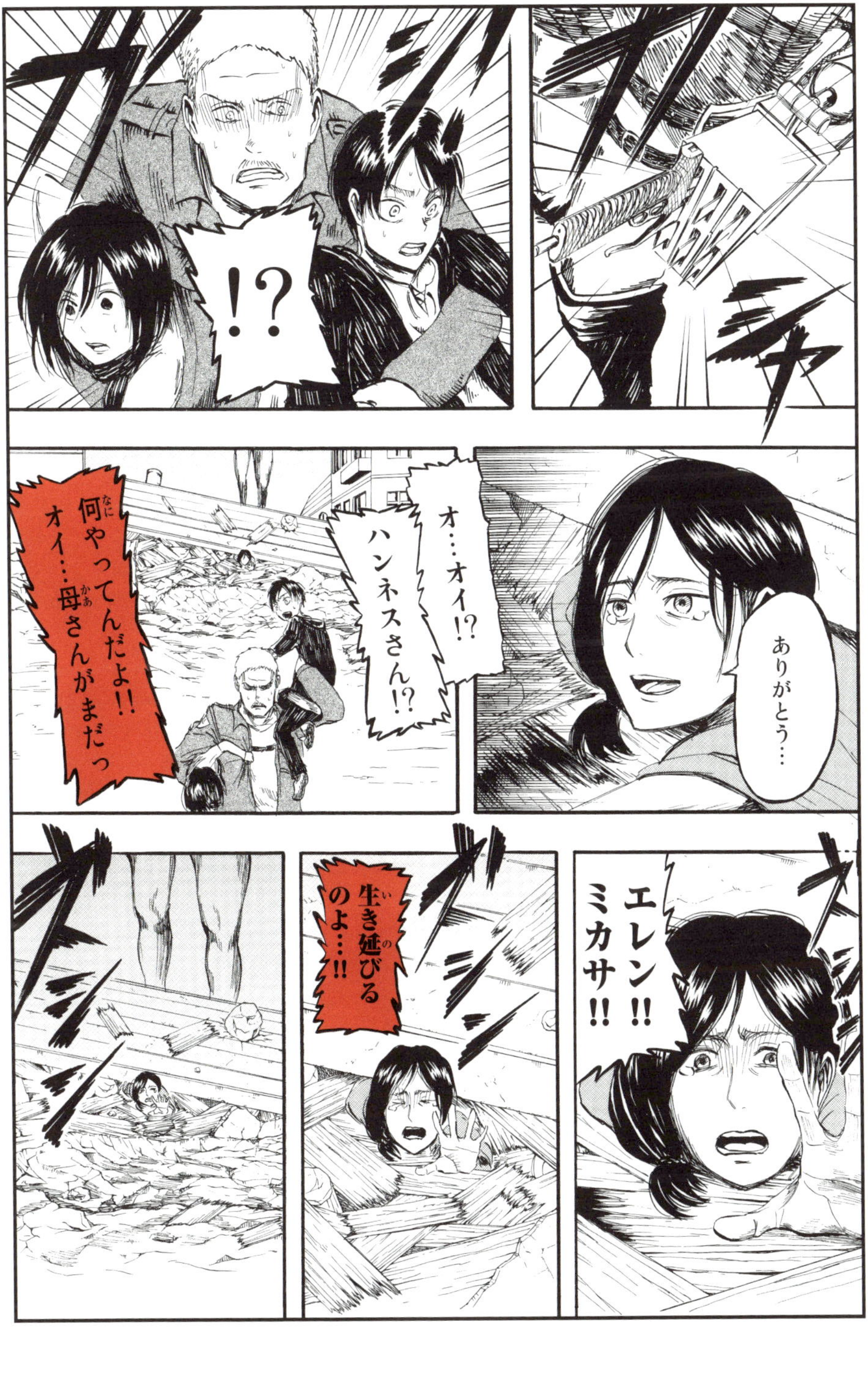
!?
ありがとう…
オ…オイ!?
ハンネスさん!?
何やってんだよ!!
オイ…母さんがまだっ
エレン!!
ミカサ!!
生き延びるのよ…!!

Scene 2-20

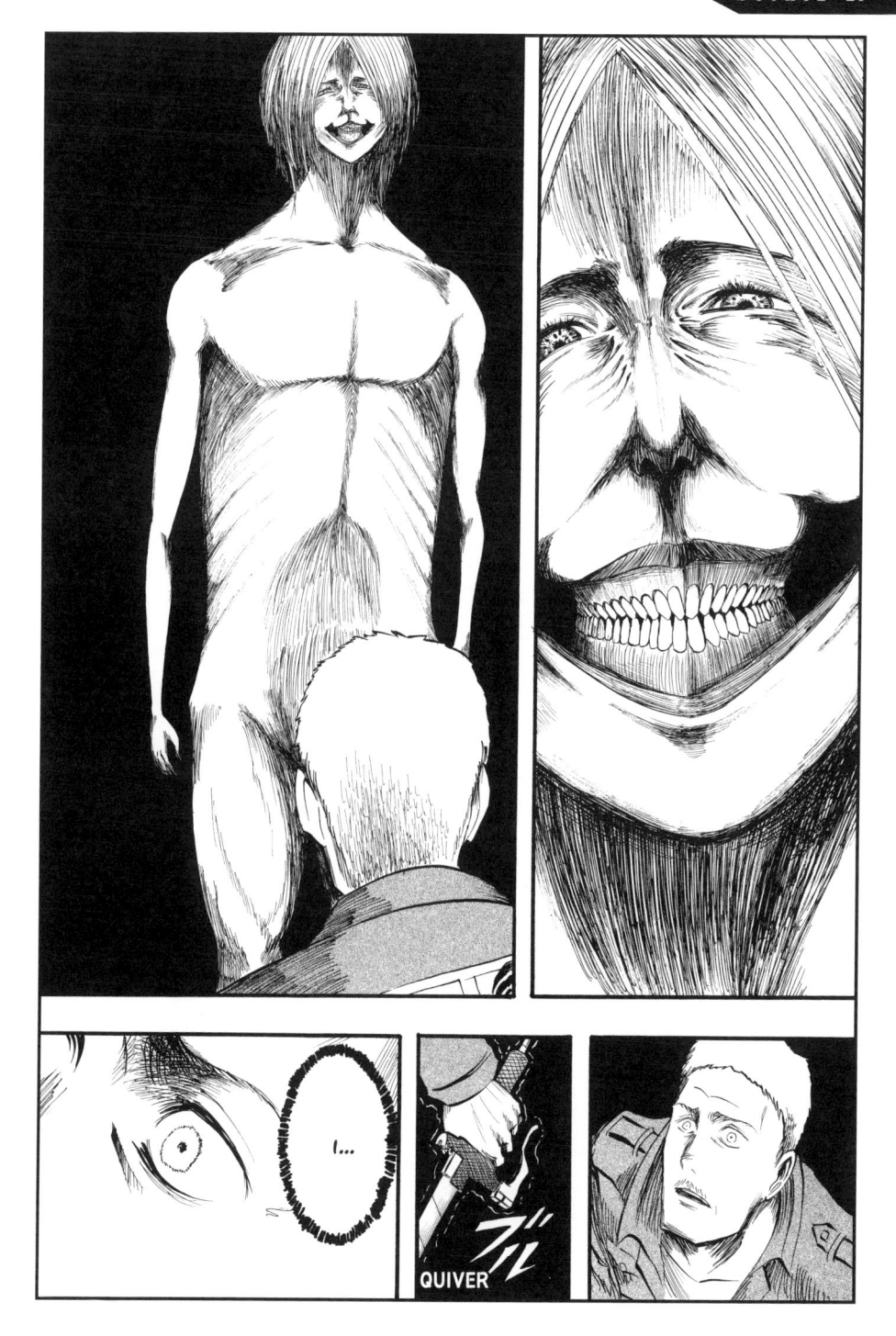

I...

QUIVER

Scene 2-21

GRAB

?!

CHAK

What are you doing? Hey... my mom is still...

M-Mr. Hannes?!

H-Hey!

Thank you...

WHUMP

Survive...!!

WHUMP

WHUMP

Eren!! Mikasa!!

Attack on Vocabulary
なりきりで覚える重要表現

登場人物になりきって、セリフを音読してみましょう。
各場面の各人の心境にふさわしい、生き生きした表現が身につきますよ。

Kill it without fail!!　必ず仕留めるぞ!!（きっぱり命令）

Would you two like to join in?　お前らも一緒にどうだ？（誘う）

It's dangerous to feel at ease like this!
そーやって安心している時が危ないって（形式主語 it を使いこなす）

Some stuff happened.　色々あって…（色々…でも具体的には言えない…）

I told you not to tell them!　言うなって（not to を強調して）

Absolutely not!　絶対駄目（100％完全否定）

No way.　駄目（同じく完全否定）

It can't be…!!　そんな…!!（あり得ない！と呆然と）

It's…too late…　もう…駄目なんだ…（絶望的に）

I'm sure she's already escaped…
とっくに逃げたに決まってる…（と確信したい）

I'd love to!　逃げたいよオレも！（もちろんすごくそうしたい！）

Survive…!!　生き延びるのよ…!!（最期の悲痛な望み）

It's all over…　おしまいだ…（なす術なく呆然と）

Why is this happening to us?
どうしてこんな目に…（自分の身に起こった不幸を嘆く）

Dedicate your hearts!!　心臓を捧げよ!!（決めゼリフ！）

I finally made it…　やっと ここまで辿り着いた…（達成感）

Scene 2-21

❌ Questions

1 母さんがまだっ
My mom is (still / yet)...

2 生き延びるのよ…!!
(　　　)...!!

🐎 Answers

1 still

「まだっ」の後はどのような文が続くのでしょうか。
　My mom is **still** under the broken house.（母さんがまだつぶれた家の下にいるんだ）
「まだ〜している」と**肯定文で使うときには、still** が対応します。
　My mom has not got out of there **yet**.（母さんがまだそこから出てきていないんだ）
「まだ〜していない」のように（主に完了形〔p.276参照〕の）**否定文で使うときには、yet** が対応します。
　否定語が入っていないので、前者の意味でとらえて still が入ります。

2 Survive

「生き延びるのよ！」。これがお母さんの最期の言葉になってしまいました。はたしてエレンとミカサは、この言葉を胸に、どんなことがあっても生き抜いていくことができるのでしょうか。

Attack on 英文法　命令文の作り方

🌹　さて、ここで**命令文の作り方**についてまとめてみましょう。

①[原則として、動詞の原形で始め、主語は省略する]
　Hurry up!（急ぐのよ！）
　Be a good boy, **Eren**.（いい子でいるのよ、エレン）
　このように相手の名前などで呼びかける場合は、カンマで区切って、文頭か文末に置きます。

②[否定形は Don't や Never で始める]
　Don't be stupid!（バカなことを言わないで！）
　命令文に限り、don't と be 動詞を組み合わせて使います。
　Never give up!（あきらめるな！）

③[ていねいに頼むときには、please を文頭か文末に置く]
　Please help my mom.（母さんを助けてください）
　Please don't leave my mom.（母さんを置いていかないで）

④[勧誘するときには、Let's で始める]
　Mom, **let's** run away with us!（母さん、一緒に逃げよう！）

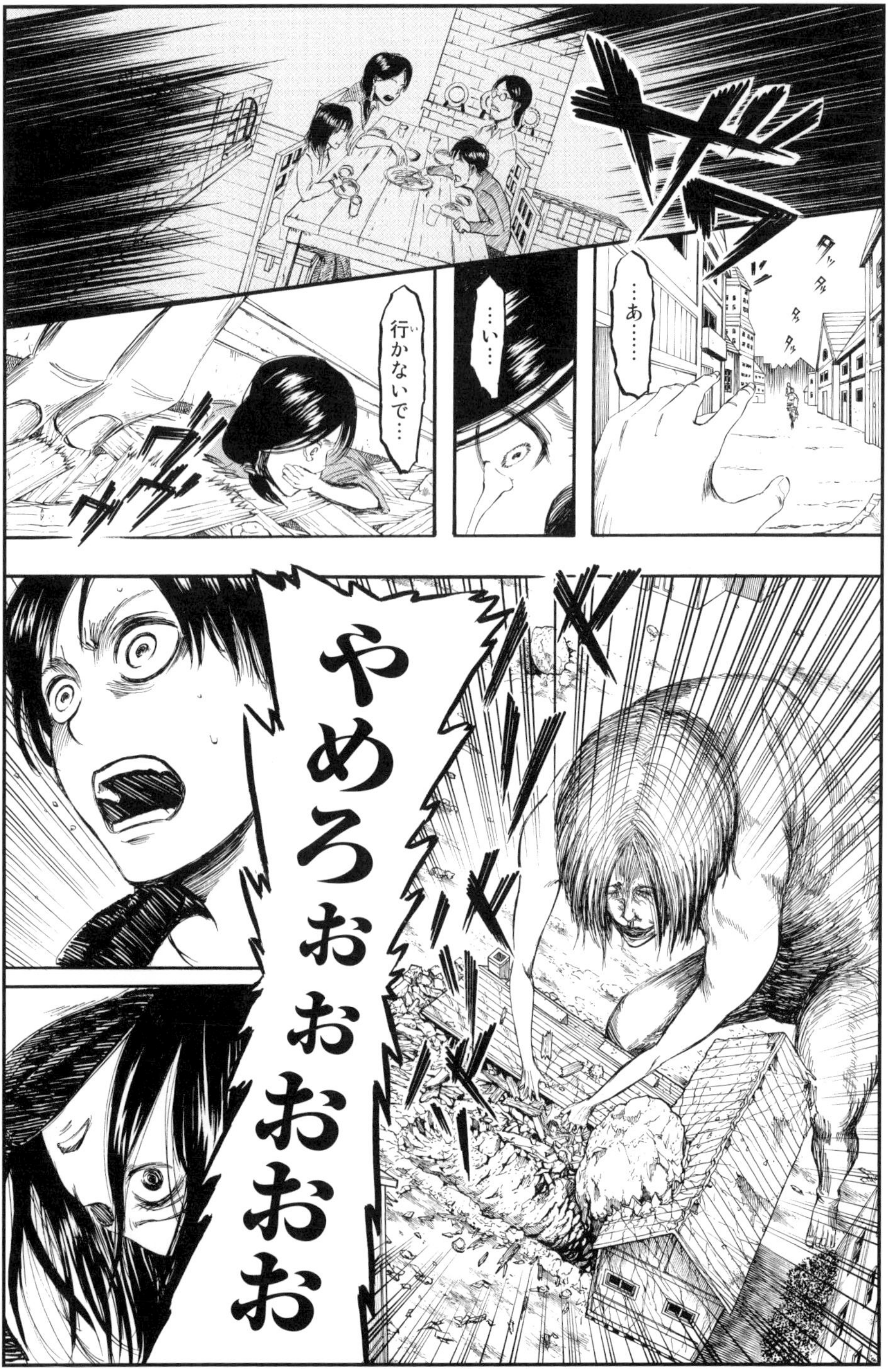
ザッ
タッ
タ
タ
タ
…あ……
…い…
行かないで…
やめろおおおおお

Scene 2-23

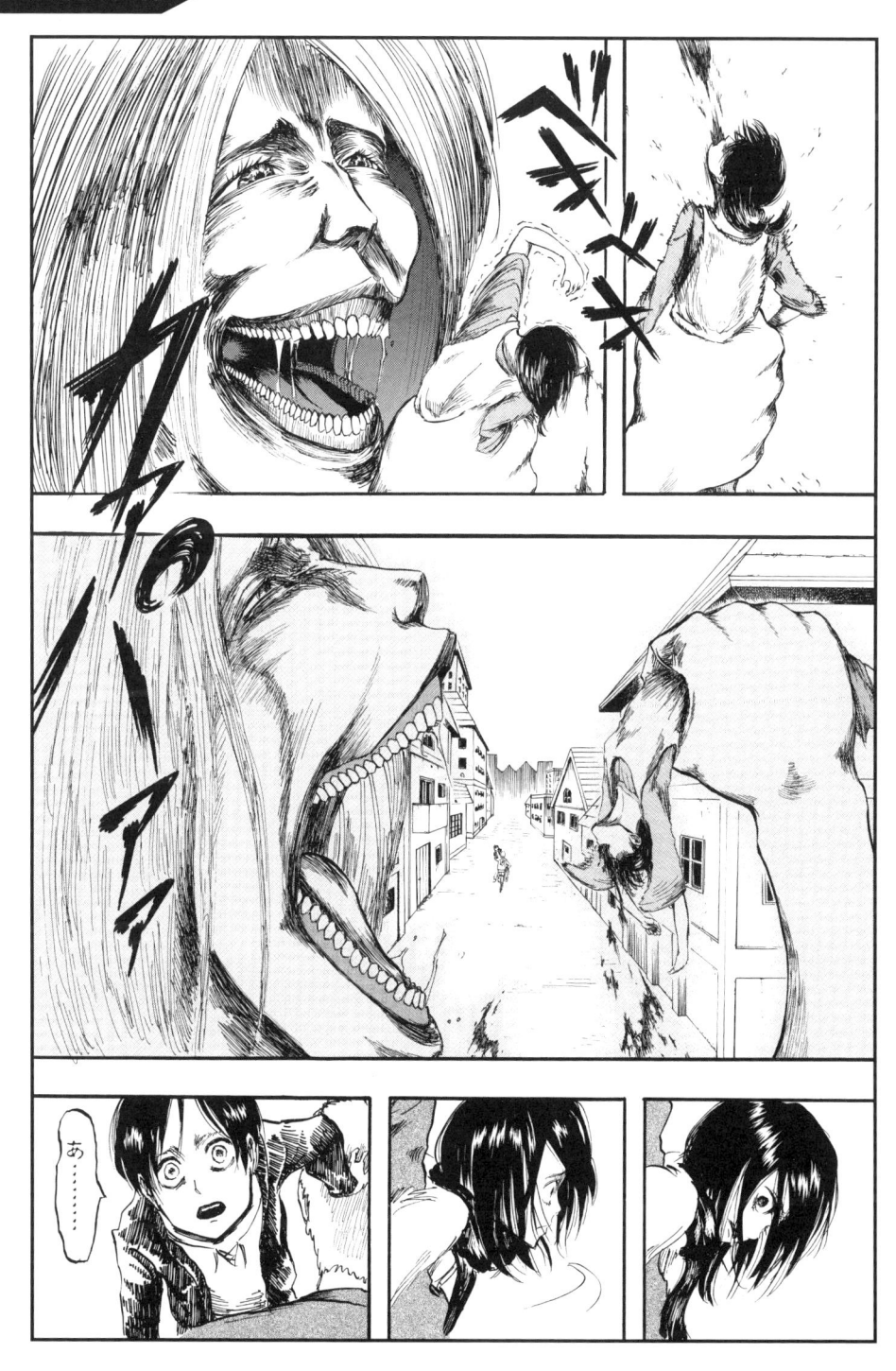

あ……

FLASH
TA
TA
TA
...Ah...
...D...
Don't go...
KRIK
NOOOOOOOOOOO!!
CRUNCH
CRUNCH
CRUNCH

KRAK
KRAK

AAAAAHH

Ah...

Scene2-24

Scene 2-25

もう少しで母さんを助けられたのに!!

エレン!? 何を——

いッ…!?

余計なことすんじゃねえよ!!

くッ…!!

Scene 2 - 24

SNAP

SNAP

TATATATATA

Scene 2-25

HUFF
HUFF
HUFF
TATATA
TATATA

I would've saved mom in another few seconds!!

Eren?! What are you...
WHAK

Ow...!
WHAK

Oof...!!
WHUMP
FLIP

If you hadn't been there...!!
FWISH

second：秒、瞬間、2番目の

Attack on 英文法 仮定法

If I died, it wouldn't matter.
死んでも足手まといにはならないよ

アルミン

仮定法とは、現実と裏返しのことを仮定して言う表現方法です。
たとえば、If you like to join us, you may.（もし一緒に来たいなら、いいよ）のように、ある仮定が起こる可能性がある［単純な条件］の場合は、仮定法は使いません。

ここでは、もっとも基本的な、**仮定法過去**と**仮定法過去完了**についてまとめます。

それぞれ、現在のことを過去形で、過去のことを過去完了形で、という具合に、**時制を1つずつ過去にずらして表現する**のが特徴です。

①［仮定法過去］：現在の事実の裏返しを述べる

It **wouldn't** be a surprise if that colossus Titan **showed** up to destroy this wall right this moment.
今この瞬間にもあの超大型巨人が壁を破壊しに来たとしても不思議ではない

「今この瞬間」のことなのに、過去形が使われていることに、違和感を覚えるかもしれません。このセリフが発せられた場面は、超大型巨人が5年間現れていない状況です。なので、ほぼ現れないであろうということを前提にして発せられているため、このように仮定法過去を使います。

if節のない仮定法の文もたくさんあります。
But in an emergency, **would** you be able to fight drunk?
そんなんでイザッて時に戦えんの？

if節のない文ですが、in an emergency の部分に「もし緊急の事態になったら」という、現在の状況ではないことが仮定されています。

②［仮定法過去完了］：過去に起きてしまった事実の裏返しを述べる

I **would've saved** mom in another few seconds if you **hadn't been** there.
もう少しで母さんを助けられたのに余計なことすんじゃねぇよ

家の下敷きになったお母さんを残して、自分たちを抱えて逃げたハンネスに対するエレンの言葉です。この後、お母さんは巨人に食べられてしまうわけですが、ハンネスがいたから自分がお母さんを助けられなかった（とエレンが思いこんでいる）事実の裏返しを述べています。形を確認してみましょう。

〈S + would / could / might + have Vpp, if + S + had Vpp〉

このように、仮定法過去も、仮定法過去完了も、主節に**助動詞の過去形**が使われます。仮定法という言葉から if と結びつきが強いように思いがちですが、if を使わない仮定法も非常に多く、むしろ「助動詞の過去形を見たら仮定法を疑え」と言えます。

Scene 2-25

Questions

1 もう少しで母さんを助けられたのに!! 余計なことすんじゃねぇよ!!
I would've saved mom in (an   ) few seconds!! If you (   ) been there...!!

Answers

1 another, hadn't

　この文の **in** は、in one hour（1時間経ったら、1時間で）などのように時間の**経過**を表す in です。
　another は「もう1つの」ですが、few seconds（数秒）のように1つ以上の名詞をかたまりとしてその前につけることもできます。
　▶ in **another** few seconds：もうあと数秒で
　"If you hadn't been there!!"（お前がそこにいなかったら）。実際はハンネスがそこに居合わせてエレンたちを抱えて逃げたのでお母さんを助けられなかったのですが、このように過去の事実に反することを言うときに使うのが前ページで解説した**仮定法過去完了**で、〈**過去完了形 had + Vpp**〉で表します。

Attack on 英文法　another と the other(s)

　another は an + other で、「(不特定の) 他の1つ/1人」を表すのに対して、**the other** は「(特定の) 他の1つ/1人」を表します。冠詞 an と the の違いを意識して使い分けましょう。
　3つのものの中から「1つは～、1つは～、あとの1つは～」というときに、**one is ～, another is ～ and the other is ～**と表します。
「もう1つ」の部分は残った2つのうち不特定の1つを取り上げるので、another (an + other) を使い、それに対して「あとの1つ」の部分は1つしか残っていない特定の1つを指すので the other となるのです。

　You have three choices. **One is** Garrison, **another is** the Survey Corps, **and the other** is the Military Police Brigade.
　（3つ選択肢がある。1つは駐屯兵団、もう1つは調査兵団、あと1つは憲兵団だ）
　4つ以上のものの場合は、「1つは～」 **One is ～**、「もう1つは～」 **another is ～**、「残りは～」 **, and the others are ～**となります。
　また、多くのもの、人の中から「いくつか/何人かは～、また別のいくつか/何人かは～」を表すときは、**some are ～, and others are ～**となります。この場合の other は残った中から、複数の不特定のいくつか/何人かを指すので、冠詞 an も the もつけない others となります。通常この表現を日本語に訳すときは「～する者/人もあれば～する者/人もある」とします。

　Few soldiers returned safe. **Some were** killed, **and others were** wounded.
　（無事に戻った兵士はほとんどいなかった。殺された者もいれば負傷した者もいた）

お前の母さんを助けられなかったのは…

お前に

力がなかったからだ…

巨人に立ち向かわなかったのは…

オレが…！

……！！

オレに勇気がなかったからだ…

Scene2-27

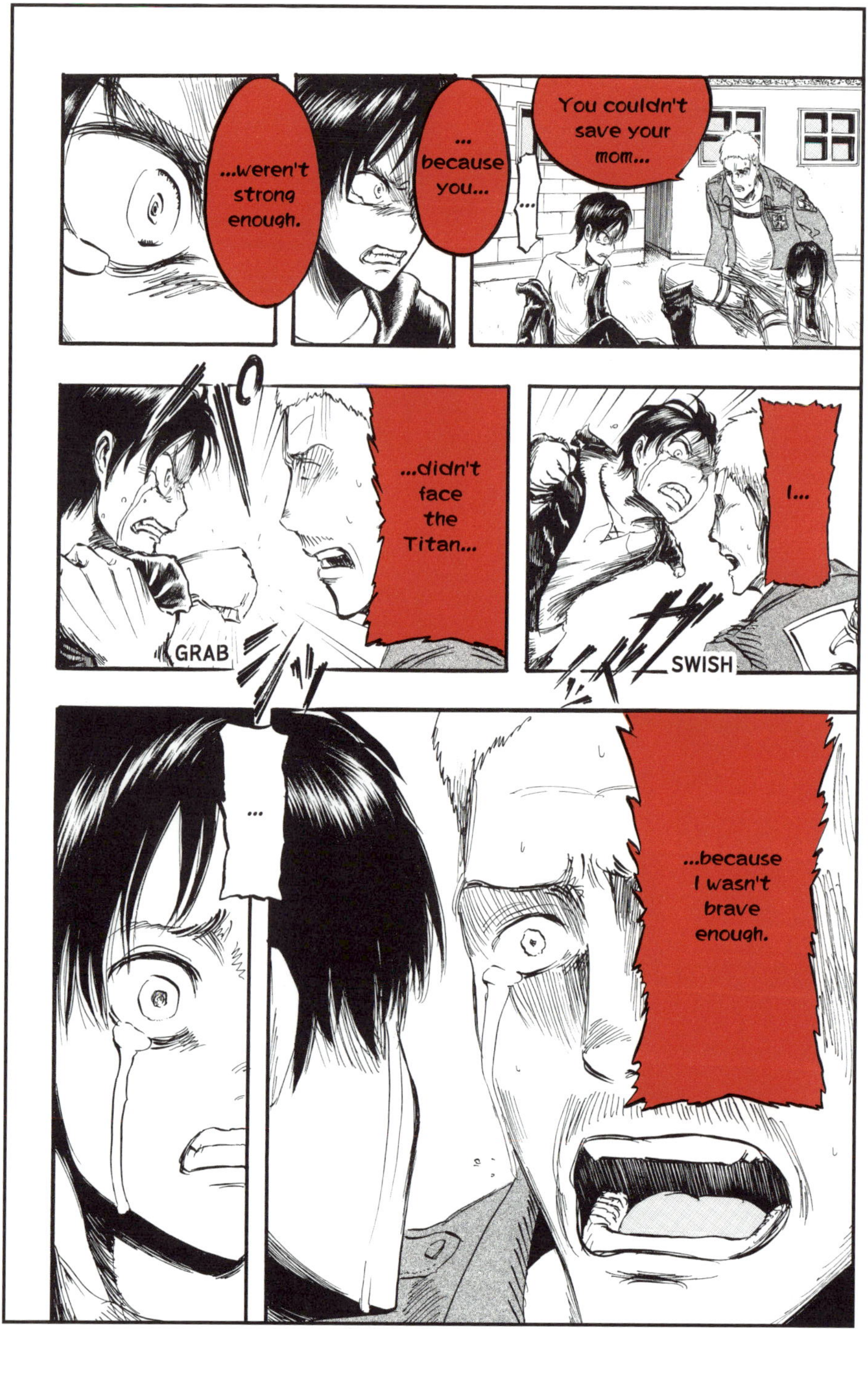
You couldn't save your mom...
...
... because you...
...weren't strong enough.
I...
SWISH
...didn't face the Titan...
GRAB
...because I wasn't brave enough.
...

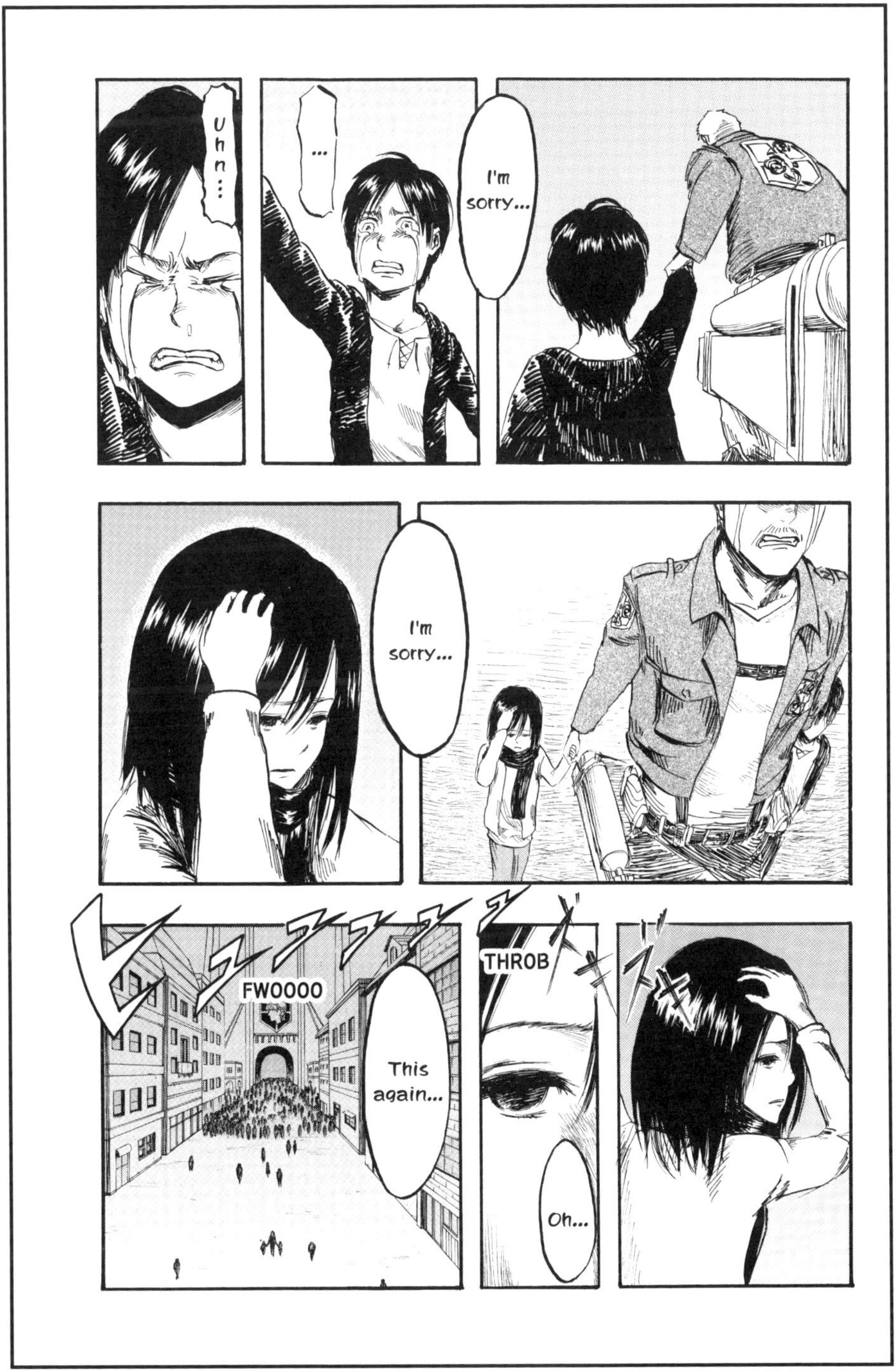
I'm sorry...
...
Uhn...
I'm sorry...
THROB
Oh...
FWOOOO
This again...

Scene 2-26

❋ Questions

1 お前の母さんを助けられなかったのは…お前に力がなかったからだ…
You couldn't save your mom because you weren't (strong enough / enough strong).

2 オレが…！巨人に（　　　　）なかったのは…オレに勇気がなかったからだ…
I didn't face the Titan because I wasn't (brave enough / enough brave).

❋ Answers

1 strong enough

　enough は形容詞やほかの副詞を修飾して「十分〜な」という意味を添えますが、たとえば very strong の very などと違って、必ず**形容詞や副詞の後ろ**に置きます。
　また、to V を後ろに伴って「〜するほど十分〜な」と使うこともできます。
　You weren't **strong enough to save your mom**.
　（お前はお前の母さんを助けるほどの力がなかったんだ）
　enough food / water（十分な食べ物 / 水）というように、enough が形容詞として名詞を修飾する場合は、通常通り名詞の前に置きます。

2 立ち向かわ（なかった）、brave enough

　face は名詞では「顔」ですが、動詞として使うこともでき、その場合は「（困難・敵など）に立ち向かう」や「〜に面している」という意味になります。

Attack on vocabulary
動詞化した名詞

動詞としても使われるようになり、なかには**意外な意味を持つ名詞**がいくつかあります。それぞれもとのニュアンスは残しています。

- air：空気 ― 放送する
- class：クラス、授業 ― 分類する
- hand：手 ― 手渡す
- line：線 ― 整列する
- shadow：影 ― つきまとう
- book：本 ― 予約する
- fire：火 ― 解雇する
- head：頭 ― 向かう
- name：名前 ― 名づける
- ship：船 ― 輸送する

Attack on 英文法　形容詞の後置修飾

enough は形容詞や他の副詞の後ろに置いて修飾する特殊な副詞でした。同様に、**形容詞が修飾する語の後ろに置かれる場合**があります。

①［-one, -thing, -body で終わる代名詞を修飾する形容詞］
> Did you have **something sad** in your dream?
> 夢の中で何か悲しいことがあったの？

次の代名詞を形容詞で修飾するときは後に置きます。
someone / anyone / everyone / something / anything / everything / nothing / somebody / anybody / everybody / nobody

②［叙述用法のみで使う形容詞］
> After the battle, there were **few soldiers alive**.
> 戦闘の後、生きている兵士はほとんどいなかった

形容詞には、「名詞を修飾する（a stupid idea：ばかげた考え）」「単独で補語となる（Your idea is stupid.：お前の考えは馬鹿げている）」の2通りの使い方があり、前者を**限定用法**、後者を**叙述用法**と呼びます。
ほとんどの形容詞は、どちらの使い方もできるのですが、まれに、限定用法、叙述用法のどちらか一方にしか使えない形容詞があります。
以下の形容詞は叙述用法でしか使えない特殊な形容詞です。
alive：生きて / **asleep**：眠って / **awake**：目覚めて / **alone**：ただ1人の、など
ただし名詞の後に置いて修飾することは可能です。これは間に〈関係代名詞＋be動詞〉が省略されていると考えられます。
　few soldiers alive ＝ few soldiers（who were）alive

③［慣用的に名詞の後ろから修飾する形容詞］
> Unfortunately, there was **no weapon available** in that crisis.
> 不幸にも、そんな危機の中で、使える武器がなかった

-able / -ible で終わる「～できる」という意味を持つ形容詞は、慣用的に名詞の後ろから修飾します。
available：入手可能な / **imaginable**：想像できるかぎりの / **impossible**：不可能な / **visible**：見える、など
特に、修飾する名詞の前に all, every, no が付いているパターンが多いです。

④［形容詞＋αの2語以上の句となって名詞を修飾する場合］
> I've not seen a Titan **taller than the wall**.
> 壁より背の高い巨人なんて見たことがない

a tall Titan → a Titan taller than the wall のように形容詞に何か別の語がついて2語以上の句になった場合は、名詞の後ろから修飾します。

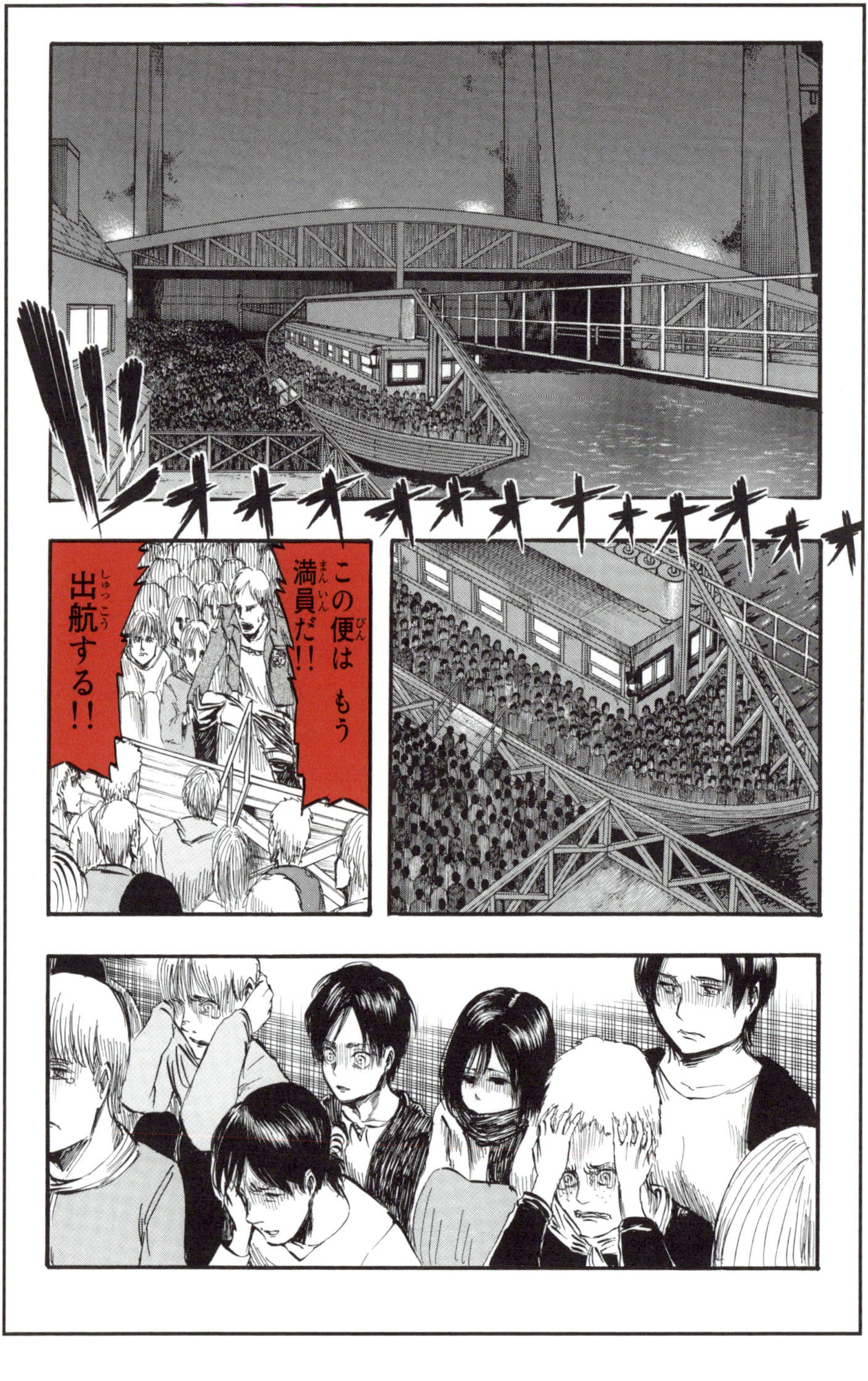
ドオオオオオオオオオオオオ
この便はもう満員だ!! 出航する!!

これ以上は危険だ
閉門しろ!!
何言ってんだ
まだ中に大勢の人が
残ってるんだぞ!!
この門が破られたら
街一つが巨人に
占領されたどころの
話じゃない!!
次の壁まで
人類の活動領域が
後退するんだぞ!?
目の前の人間を
見殺しにする理由は
ない!!
閉門しろ!!
急げ!!
巨人が門に
突っ込んで
来るぞ!!
阻止しろ!!
!!
なんだ こいつ!?
武器が効かない――

ROOOOOAAAAAR

We're departing!!
This boat's full!!!

Scene 2-29

What are you talking about?! There are still a lot of people inside!!

It's too risky to leave it open any longer! Close the gate!!

FWOOOO

That's no reason to abandon the people who are right in front of us!!

What's left of human territory will fall back to the next wall!

If this gate's destroyed, it won't just be one town that's invaded by Titans!!

Stop it!!

!! What the hell is that thing?! Our weapons aren't working!

A Titan is charging towards it!!

Hurry!!

Close the gate!!

WHUMP　　WHUMP　　WHUMP

risky：危険な ／ destroy：破壊する ／ territory：領土、縄張り ／ fall back：後退する ／ abandon：断念する、放棄する、見捨てる ／ in front of 〜：〜の前に ／ charge：突進する、請求する、充電する ／ weapon：武器

Questions

1 この便は もう満員だ‼
This boat's (　　　)‼

2 出航する‼
We're (　　　)‼

Answers

1 full

「フルに活用する」など、日本語でも言いますね。
「お腹がいっぱいだ」と言うとき、"I'm so full!" と言うといいですよ。
▶ be full of ～ : ～でいっぱい　cf. = be filled with ～
The outside world **is full of** Titans. = The outside world **is filled with** Titans.
（外の世界は巨人でいっぱいだぞ）

2 departing

▶ depart：出発する
通常、旅行に出発するときに使います。
空港の出発ロビーや駅の発車ホームなどに departure lobby や departure platform と書かれていますが、departure は名詞形の「出発」です。
このように、特に航空機や船、列車などの発車や出航などに使う動詞です。
これに対して「到着する / 到着」は arrive / arrival です。

Attack on 英文法　関係代名詞 what

Scene2-29の "What's left of human territory will fall back to the next wall!"（次の壁まで人類の活動領域が後退するんだぞ!?）の **what** は**関係代名詞**です。
用法は次の通りです。

①関係代名詞 what は「～なこと、～なもの」という意味で、先行詞なしで使う
〈what ＝先行詞 the thing ＋関係代名詞 which〉と考えるとわかりやすいかもしれません。
What's left of human territory = **The thing which** is left of human territory
（人類の活動領域の中で残されたもの）

② what が導く名詞節は文の主語・目的語・補語となる
What's left of human territory までが文全体の主語になっています。

③ what 自体は節中で主語・目的語・補語となる
what が、What's left of human territory という節の中で主語になっています。

Questions

1 これ以上は危険だ
It's too risky to (keep / leave) it open any longer!

2 巨人が門に突っ込んで来るぞ!!
A Titan is charging (　　　) it!!

3 武器が効かない——
Our weapons aren't (　　　)!

Answers

1 leave

keep it open と leave it open の違いを考えてみましょう。
どちらも門を開けた状態にしておくことには変わりありません。
keep は「保つ」、leave は「放っておく」。つまり、放っておくと閉まってしまう門を開けた状態に「保つ」のが keep it open で、もともと開いている門をそのまま開けっ放しにしておくのが leave it open です。**keep の方が、開けておこうという意志**が働きます。
「門を開けっ放しにしておくと巨人が入って来るぞ！」という緊迫した場面です。keep でも間違いではないですが、「早く閉めろ！」という意味を込めて leave の方がふさわしいですね。

2 towards (= toward)

前置詞 **toward** は「〜の方へ、〜に向かって」を表します。
-ward というのは「方向」を表す接尾語でいろいろな語を作ります。
▶ **forward**：前へ / **westward**：西へ / **afterward**：後で / **onward**：前方へ、など

3 working

work には「働く」のほかに「正常に機能する、役に立つ、うまくいく」といった意味があり、以下のように表現できます。
▶ **It will work.**：うまくいくよ / **It doesn't work.**：動かない / **It (has) worked.**：うまくいった、など
この場合の主語には、具体的には、機械や器具全般、計画や作戦、薬や調味料など、何でも広く入れることができて便利です。
Do you think this plan is useful to keep the Titans out of the town? / **It'll surely work.**
（この作戦は巨人を街から追い出すのに役に立つだろうか）　　　　／（きっとうまくいくさ）

Scene 2-30

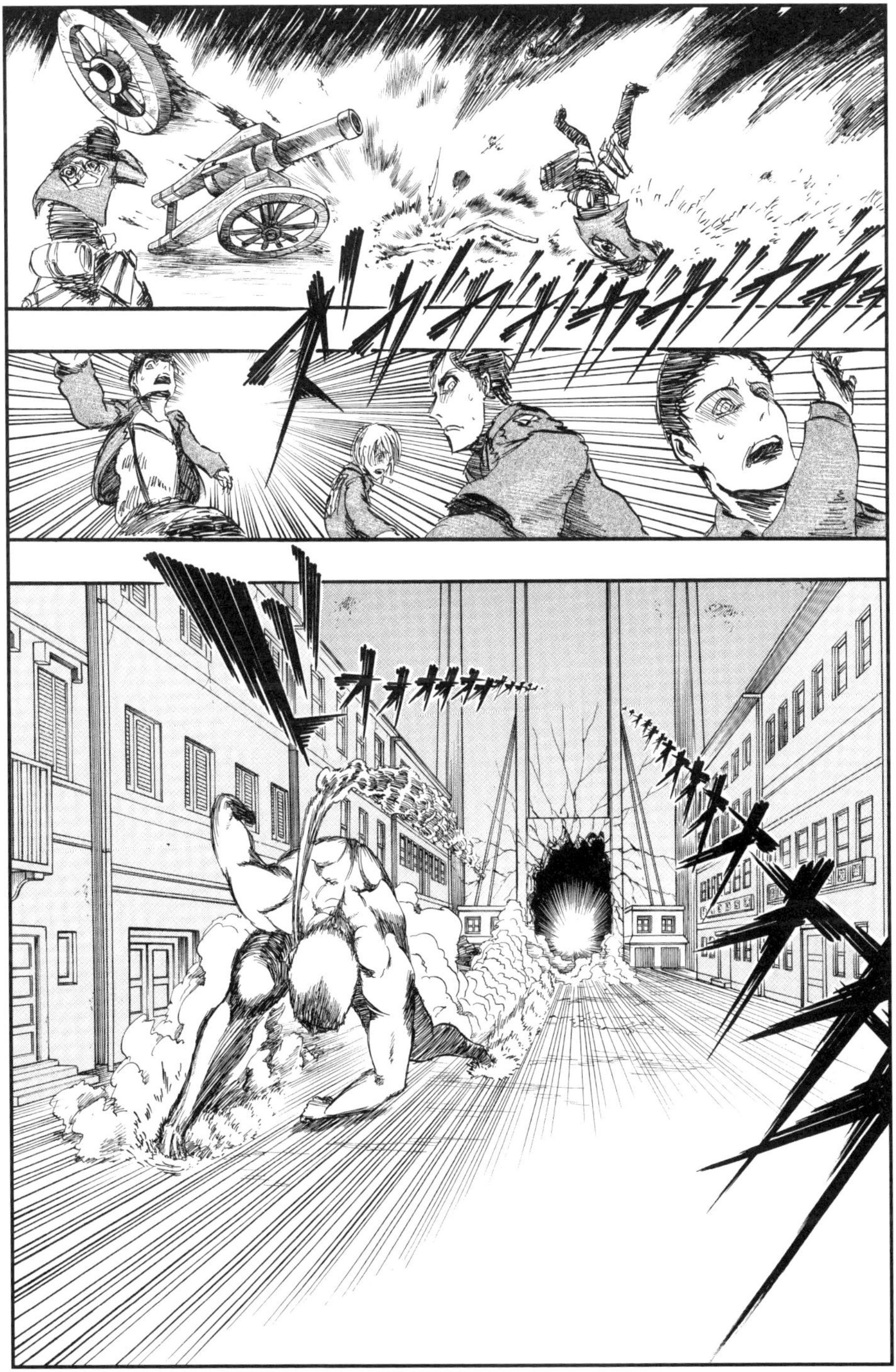

Scene 2-30

CRACK

WHOOM

SKRRRRCH

SHOOOOOOM

Attack on 英文法　名詞節を導く接続詞

If you don't fight, we can't win...
戦わなければ勝てない…　──エレン

接続詞とは1つの文の中で、それぞれ主語と述語動詞を含む独立した節と節を結ぶ役割をします。以降、主節に対して従属の関係の節を導く**従属接続詞**の働きについてまとめます。接続詞が導く節の文中での働きによって、**名詞節**と**副詞節**に分かれます。

以下の接続詞が導く節は、文中で主語・目的語・補語などの名詞の役割をするので、**名詞節**と呼ばれます。
that：～ということ / whether：～かどうか / if：～かどうか

Are you trying to say **that I'm an idiot, Eren**？［目的語］
オレが頭のめでたいヤツだとそう言いたいのかエレン？
Whether I'm lauging at them isn't a issue.［主語］
バカにするとかそういう問題じゃ（彼らをバカにするかどうかは問題じゃない）
I wonder **if that's the only reason**.［目的語］
本当にそれだけの理由なんだろうか
I don't like the idea **that we can live comfortably in the wall**.［同格＝ the idea の内容を示します］
壁の中でのうのうと暮らせるという考えが嫌いだ

名詞節を導く that は、しばしば省略されます。
You said（that）**the interior is comfortable**？
内地が快適とか言ったな

しばしば**形式主語 it** を使って表現します。
It was a miracle **that I passed the simulated combat graduation test**.
卒業模擬戦闘試験を合格できたのも奇跡だ

> But I wonder if that's the only reason...
> ...You're right about that.

Attack on 英文法　副詞節を導く接続詞

下記の**接続詞**が導く節は、文全体、あるいは文の一部、あるいは動詞を修飾する副詞の働きをするので、**副詞節**と呼ばれます。

①［時に関するもの］　　when：〜するとき / while：〜している間 / before：〜する前に / after：〜した後で / since：〜して以来 / until：〜するまでずっと / by the time：〜するまでに / as soon as：〜してすぐに
②［理由に関するもの］　because：〜なので
③［条件に関するもの］　if：もし〜ならば / unless：〜することなしに
④［譲歩に関するもの］　although / though：たとえ〜しても

副詞節は、主節より前に置くことも後ろに置くことも可能です。
You always act impulsively **when you get angry**.
熱くなるとすぐ衝動的に行動する
If you join the Garrison, I'll do the same.
あなたが駐屯兵団に行くのなら私もそうしよう

しばしば従属接続詞の前に他の副詞がついて意味を添えることがあります。
Just because the wall hasn't been breached in 100 years, there's no guarantee that they won't break through it today, for example.
100年壁が壊されなかったからといって今日壊されない保証なんかどこにもないのに
▶ just because：ただ単に〜だからといって

このほかに、次のようなものがあります。
mainly because：主に〜なので / **partially because**：1つには〜なので、など

扉が…!!

ウォール・マリアが……!!

突破された…!?

おしまいだ…

また…人類は…

巨人に食い尽くされる……

もう…あの家には…

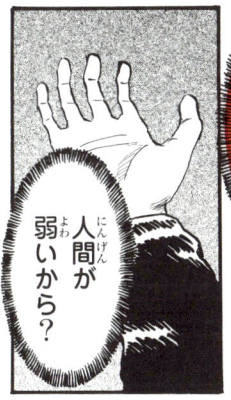

二度と帰れない

どうして最後までロクでもないロゲンカしかできなかったんだ!!

もう…母さんはいない!!どこにもいない…

どうしてこんな目に…

人間が弱いから?

弱いヤツは泣き喚くしかないのか!?

... Wall Maria ?!
It broke through ...
SSSSSSS
The gate ...
Humanity...
It's all over ...
DOOOOOOO
...is gonna be devoured by the Titans again...
I'll never be able...

argue：言い争う、議論する / stubborn：頑固な、強情な

Questions

1 おしまいだ…
It's all (　　　)...

2 また…人類は…巨人に食い尽くされる…
Humanity is gonna (　　　) devoured by the Titans again...

3 もう…あの家には…二度と帰れない
I'll never (　　　) (　　　) (　　　) go home again.

Answers

1 over

game over でお馴染みだと思いますが、**over** は「終わって」という意味の形容詞の用法があります。

2 be

be gonna は be going to の短縮形（p.82参照）です。（　　　）の中に動詞の原形を入れて、未来形 be going to V となります。
そして動詞の部分ですが、「食い尽くされる」なので受動態（p.176参照）を入れます。
このように、助動詞の後や to 不定詞に受動態を入れるときは、be Vpp、つまり〈be 動詞の原形 be ＋過去分詞〉にすればよいのです。

3 be able to

助動詞は2つ以上重ねて使うことはできません。
未来において「〜することができないだろう」と言い表すとき、will と can を重ねて使えないので、can を be able to に書き換えて **will be able to** とします。

Scene 2-33

✎ Questions

1 どうして最後までロクでもない口ゲンカしかできなかったんだ!!
Up (　　　) the end, all I could do was (argue / arguing) and (be / being) stubborn!

2 どうしてこんな目に…
Why is this happening (　　　) us?

3 弱いヤツは泣き喚（わめ）くしかないのか!?
Is crying the only thing the (weak / weakness) can do?!

✎ Answers

1 to, argue, be

up to の意味の中で、「〜に至るまで」と「〜次第で」は最も頻繁に使われます。
Up to now, we've never thought that Titans would break through the wall.
（今まで我々は巨人が壁を破るなんて考えたことがなかった）
It's **up to** you which to choose, the Garrison, the Survey Corps, or the Military Police Brigade.
（駐屯兵団、調査兵団、あるいは憲兵団、どれを選ぶかは諸君ら次第だ）
▶ **All S can do is V原形**：S ができるすべてのことは V することだけだ
「V することだけだ」の部分は、is の後ろに動詞の原形を置きます。
動名詞や to 不定詞と間違いやすいので要注意です。

2 to

安全だと思っていた壁が超大型巨人や鎧の巨人に破られ、自分の家が倒壊し、母さんは巨人に食べられて——。「どうしてこんなことが自分に起こるんだ」というエレンの絶望が痛いほど伝わる場面です。
happen to は「何らかの事柄が誰かの身に起こる」ということを表すときに広く使える表現です。
▶ It won't **happen to** me.：そんなことは私には関係ない / It won't **happen to** my daughter.：うちの娘に限って / It **happens to** all the young people.：そんな経験若いうちは誰だってあるよ、など

3 weak

（　　）の前に the があるので、形容詞 weak ではなく名詞 weakness が入ると思ったかもしれません。しかし weakness は「弱さ」という意味で、「弱者」という意味はないので文全体の意味が通らなくなります。
実は the ＋形容詞は「〜な人々」という意味で名詞扱いをするので、このように主語として使うことができます。
▶ **the weak = the weak people**：弱い人々

Scene 2-34

駆逐してやる!!

この世から…

一匹…

残らず!!

850

100年の平和の代償は惨劇によって支払われた

当時の危機意識では突然の「超大型巨人」の出現に対応できるはずもなかった…

SWISH

I'm gonna destroy them!!

HUFF HUFF HUFF

FWOOOO

Every last one...

Scene 2-35

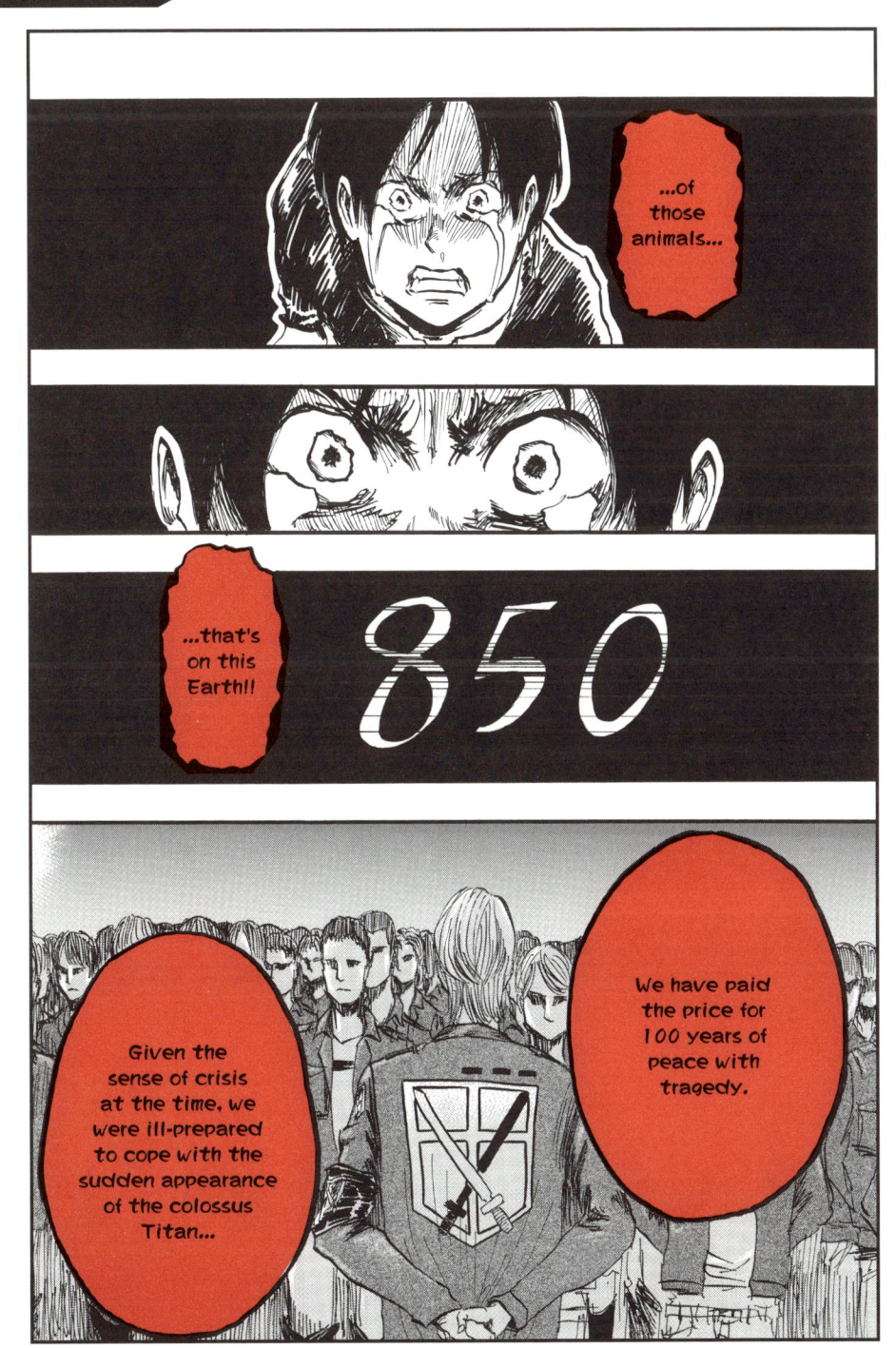

...of those animals...

...that's on this Earth!!

850

Given the sense of crisis at the time, we were ill-prepared to cope with the sudden appearance of the colossus Titan...

We have paid the price for 100 years of peace with tragedy.

sense：感覚、分別、知性、要点、意味 / crisis：危機 / colossus：巨像

Questions

1 この世から…一匹…残らず!!
Every last one of those animals (that's / which is) on this Earth!!

Answers

1 that's

　that's on this Earth は last one of those animals を修飾する関係代名詞節ですが、先行詞が人以外（巨人は人と見なさないようです）で、last のような特殊な語がついている場合は、関係詞は which ではなく **that** を使います（p.182参照）。

Attack on 英文法　関係代名詞 that の用法

　that は基本的に、who / whom や which に置き換えて使うことができる守備範囲の広い関係代名詞と言えますが、使用するにあたって下記のようなルールがあります。

①所有格がない
②前置詞＋ that の形で使えない
③非制限用法（カンマ＋関係詞）で使えない
④以下の ⅰ ～ ⅲ の場合、that が使われることが多い
　ⅰ．先行詞が人以外のもので、次のような特定の物であることを示す修飾語がつく場合
　・**the first**：最初の / **the last**：最後の / **the very**：まさにその / **the ＋最上級**：最も～な / **the same**：同じ / **the only**：唯一の、など
　・**all, every, any, no** など「すべて」「まったく～ない」を表す修飾語
　ⅱ．先行詞が〈人＋人以外の物〉の場合
　ⅲ．疑問詞 who が先行詞となっている場合

Scene 2-35

Questions

1 100年の平和の（　　　）は惨劇によって支払われた
We have paid the price for 100 years of peace with tragedy.

2 当時の危機意識では突然の「超大型巨人」の出現に対応できるはずもなかった…
Given the sense of crisis at the time, we were ill-prepared to cope (　　　) the sudden (　　　) of the colossus Titan...

Answers

1 代償

price や cost は何かを手に入れるための「代償」ですが、お金とは限りません。時には、命や健康や人生であったり、何かのために無くすもの、逆に経験するもの全般を cost や price と呼びます。

2 with, appearance

▶ **cope with**：（困難・問題など）に対処する、（嫌なこと・状況など）に耐える

動詞 appear の名詞形 appearance（出現）を中心とする the sudden **appearance** of the colossus Titan の部分では次のような完成文と同じ関係が成り立っていることに気づくでしょうか。
The colossus Titan suddenly **appeared**.（超大型巨人が突然現れた）
このように完成文の述語動詞を名詞形に変えて、主語や修飾語もそれぞれ形を変えて周辺に置き、別の文に組み込む手法を**名詞構文**と呼び、コンパクトで応用も利くため、英文で多用されます。

Attack on Vocabulary
お金まわりの名詞

支払う対象によって使う単語が違ってきます。

① [料金に関するもの]　charge：サービス料、手数料、使用料 / price：価格 / fare：運賃 / fee：（専門職に対する）謝礼、入場料、授業料
② [費用に関するもの]　cost：費用、経費、原価 / expense：費用、経費
③ [罰金に関するもの]　fine：罰金 / penalty：罰金
④ [給料に関するもの]　pay：（あらゆる職業に用いられる）給料 / salary：給料（月給や年俸）/ wage：給料（日給や週給含む）

Scene 2-36

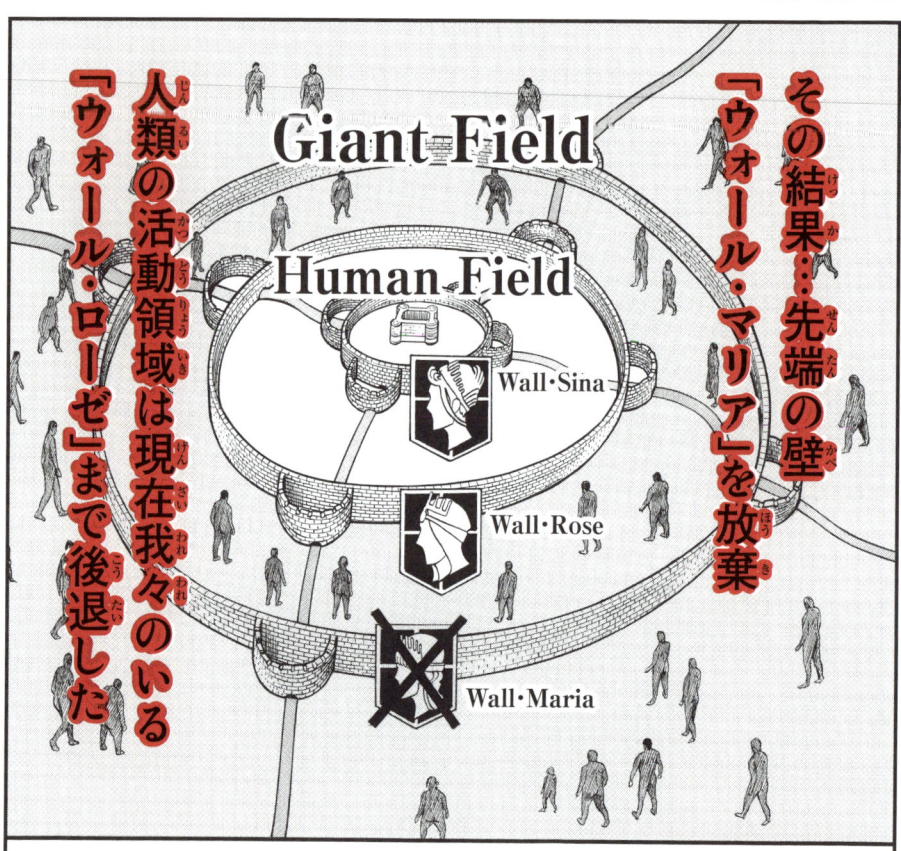

Giant Field
Human Field

Wall・Sina
Wall・Rose
Wall・Maria

その結果…先端の壁「ウォール・マリア」を放棄

人類の活動領域は現在我々のいる「ウォール・ローゼ」まで後退した

今このの瞬間にもあの「超大型巨人」が

壁を破壊しに来たとしても不思議ではない

その時こそ諸君らはその職務として「生産者」に代わり自らの命を捧げて巨人という脅威に立ち向かってゆくのだ！

心臓を捧げよ!!

ハッ!!!

本日諸君らは「訓練兵」を卒業する…

その中で最も訓練成績が良かった上位10名を発表する　呼ばれた者は前へ

Scene 2-36

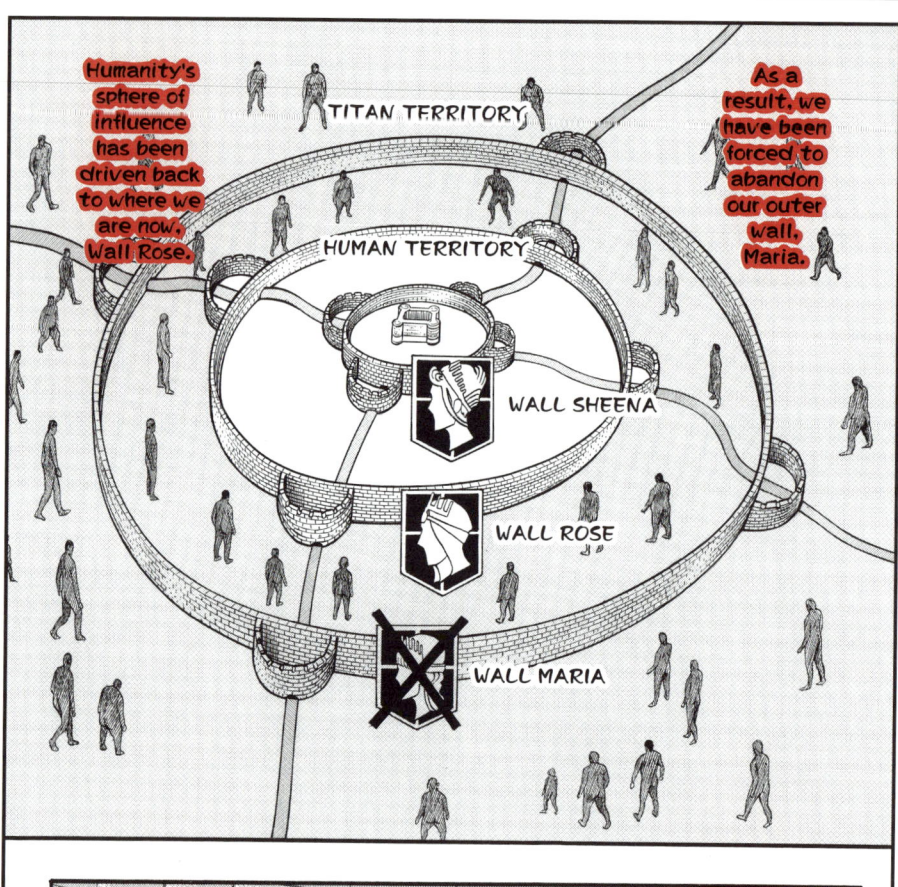

Humanity's sphere of influence has been driven back to where we are now, Wall Rose.

As a result, we have been forced to abandon our outer wall, Maria.

TITAN TERRITORY

HUMAN TERRITORY

WALL SHEENA

WALL ROSE

WALL MARIA

...to destroy this wall right this moment.

It wouldn't be a surprise if that colossus Titan showed up...

outer：外側の / sphere：球、領域 / influence：影響 / drive back：(敵などを) 追い返す / surprise：驚き / show up：現れる / moment：瞬間

Scene 2-37

...and give your lives to stand against the Titan menace!

Whenever that time does come, your duty will be to relieve the producers...

Yes, sir!!!

WHAP

Dedicate your hearts!!

FWOOOO

I will now announce the ten among you who have obtained the top training results. Come forward if I call your name.

Today, you have completed your military training.

producer：生産者 / against：〜に反対して、〜に対抗して / menace：脅威 / dedicate：捧げる / announce：発表する / obtain：獲得する

✍ Questions

1 その結果…先端の壁「ウォール・マリア」を放棄
(　　　) a result, we have (　　　) forced to abandon our outer wall, Maria.

2 人類の活動領域は現在我々のいる「ウォール・ローゼ」まで後退した
Humanity's sphere of influence has (　　　) driven back to (　　　) we are now, Wall Rose.

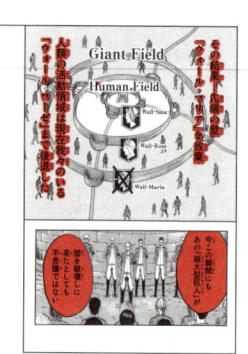

3 今この瞬間にもあの「超大型巨人」が壁を破壊しに来たとしても不思議ではない
It (won't / wouldn't) be a surprise if that colossus Titan (show / showed) up to destroy this wall right this moment.

🦄 Answers

1 As, been

- **As a result**：結果として
- **force O to V**：O に～するように強要する
これは、次のようにしばしば受動態（p.176参照）で使われます。
- **be forced to V**：（～するように強要される →）～せざるを得ない
現在完了形（p.276参照）と組み合わされて、have been forced to V の形になっています。
ほかに force と同じく「強要」の意味を持つ語には、compel や oblige などがあり、やはり **be compelled [obliged] to V** は、「～せざるを得ない」という意味を表します（※ oblige は義務的な意味が濃い語です）。

2 been, where

- **drive back O**：O を後退させる
前の問題と同様に、〈現在完了＋受動態〉で has been driven back という形になっています。
to where we are now の部分ですが、この where は関係副詞（p.183参照）で、その直前に先行詞が省略されていると考えてください。次のような場合、関係副詞の先行詞は省略されることがほとんどです。the place where SV → where SV：～なところ / the time when SV → when SV：～なとき / the reason why SV → why SV：～な理由 / the way how SV → how SV：～する方法、～の仕方

3 wouldn't, showed

this moment（この瞬間）のことですが、現実に起こっていないこと（超大型巨人が最初に現れてから5年後、ここまでは再び現れていないようです）を仮定して発話しているので**仮定法過去**（p.234参照）を使います。時制は1つずらして、過去形で表します。

Scene 2-37

Questions

1 その時こそ諸君らはその職務として「生産者」に代わり
Whenever that time (doesn't / does) come, your duty will be to relieve the producers...

2 本日 諸君らは「訓練兵」を卒業する…
Today, you have (graduated / completed) your military training.

3 その中で最も訓練成績が良かった上位10名を発表する
I will now announce the ten (am   ) you who have obtained the top training (r   ).

Answers

1 does

doesn't では意味が通じません。助動詞 do は否定文や疑問文を作るときにだけ使うとは限らず、ほかにもいくつかの働きがあります。このように肯定文で動詞の前につける **do** は、**後ろの動詞を強調する**働きをしていて、「(その時が) **実際に**(来ればいつでも)」と意味を添えて訳すこともできます。
relieve は、不安・心配・困難・苦痛などを取り除いて「ほっとさせる、解放する」という動詞ですが、さらには「(〜と)交替する」という意味を持ちます。

2 completed

graduate (卒業する) は **graduate from** Tokyo University のように、通常、大学など学校を卒業する表現に使われ、また from が必要です。
この場合のようにコースやトレーニングには「修了する」という意味の **complete** を使う方が一般的です。

3 among, results

前置詞 **among** ([3つ、3人以上] の間で) は、たとえば **among young people** などとして、famous (有名な)、popular (人気がある)、common (共通する) などの語としばしば結びつきますので、セットで覚えると役立ちます。また、問題文のセリフのように「順位」を表現するときにも使われます。
▶ **rank second among** 〜 : 〜の中で2位にランクする、など
「成績」は、具体的な**「得点」**をいう場合は **mark** や **score** などを使うとよいですが、一般的に学業や訓練の**「成果」**をいう場合は **result** や **performance** を使うとよいでしょう。

Scene 2-38

首席
ミカサ・アッカーマン

2番
ライナー・ブラウン

3番
ベルトルト・フーバー

4番
アニ・レオンハート

5番
エレン・イェーガー

Scene 2-39

6番
ジャン・キルシュタイン

7番
マルコ・ボット

8番
コニー・スプリンガー

9番
サシャ・ブラウス

10番
クリスタ・レンズ

At the head of the class, Mikasa Ackerman.

Second, Reiner Braun.

Number three, Bertolt Hoover.

Number four, Annie Leonhart.

Number five, Eren Yeager.

Number six, Jean Kirstein.

Number seven, Marco Bott.

Number eight, Connie Springer.

Number nine, Sasha Blouse.

And number ten, Krista Lenz.

Attack on 英文法 完了形

> 完了形には、**過去完了形**や**未来完了形**もありますが、まずここでは、基本的な**現在完了形**について、説明します。

現在完了形とは、単純な過去形や現在形では表しきれない、「過去の出来事がなんらかの形で現在の状態に影響をあたえている」という状況を表現するものです。

形は〈have / has + Vpp〉で表します。

①[完了]：してしまった

過去に動作を完了して今はもうしなくてよいイメージです。

> Today, you **have completed** your military training.
> 本日諸君らは訓練兵を卒業する（＝訓練を完了してしまった）
> Maybe that Colossus Titan **has given** up on us.
> もう大型巨人なんて来ないんじゃないかな（＝あきらめてしまった）

②[継続]：（～以来）～している

過去の一時点から動作や状態が現在も継続しているイメージです。

> It **has been** five years since you came to this town.
> もうこの街に来て5年も経つのか
> Since long ago, humanity **has possessed** enough power to blow the Titans' head off. 昔から人類は巨人の頭を吹き飛ばす程度の力は持っていた

継続の期間や起点を表すのに、for (five years)（〔5年〕間）や since (long ago)（〔大昔〕以来）という表現を使います。

また、特にある動作がずっと続いているときには、**現在完了進行形**〈have / has been Ving〉を使います。

> Dad **have been acting** crazy ever since Mom died.
> 父さんは母さんが死んでおかしくなったんだ

③[経験]：～したことがある

過去の経験が現在までの経験となっているイメージです。

> **Have** you **ever seen** an actual Titan?
> 実際巨人を見たことがあるか？

Attack on Vocabulary
数の表し方

「1番、2番」などは number one, number two などで表しますが、名詞を修飾するときは、number-one, number-two などのように、ハイフンでつなぐこともあります。また No.1, No.2 など、省略して使うこともあります。

ここで、**数字まわりの英語表現**をまとめてみましょう。

①[基数]：1つ、1つの
- 1～19：one, two, three, four, five, six, seven, eight, nine, ten, eleven, twelve, thirteen, fourteen, fifteen, sixteen, seventeen, eighteen, nineteen
- 20, 30...90：twenty, thirty, forty, fifty, sixty, seventy, eighty, ninety
- 100, 1000, 200, 2000：one hundred, one thousand, two hundred, two thousand
- 21, 101：twenty-one, one hundred and one

文中で書いて表すときは、通常1から10（あるいは12）までは one, two などと綴り、それ以上は13, 14と数字で書きます。

②[序数]：第～の
- first (1st), second (2nd), third (3rd), fourth (4th), fifth (5th), sixth (6th), seventh (7th), eighth (8th), ninth (9th), tenth (10th)

通常、the をつけます。

③[倍数]：～倍の
- twice, three times, four times...

three times as large as のように as ～ as と組み合わせて「3倍大きい」などと表現することもあります。

④[分数]：～分の～
- 1/3 one third, 1/5 one fifth, 2/3 two thirds, 2/5 two fifths

分子（基数）＋分母（序数）で表し、分子が1より大きいときは分母を複数にして s をつけます。

ただし、1/2, 1/4, 3/4はそれぞれ、*a* [*one*] half, *a* [*one*] quarter, three quarters と表します（1/4, 3/4は one fourth, three fourths も可）。

以上10名――

やっと ここまで 辿り着いた…

Scene 2-41

今度は人類の番だ

今度は人類が…

巨人を食い尽くしてやる!!

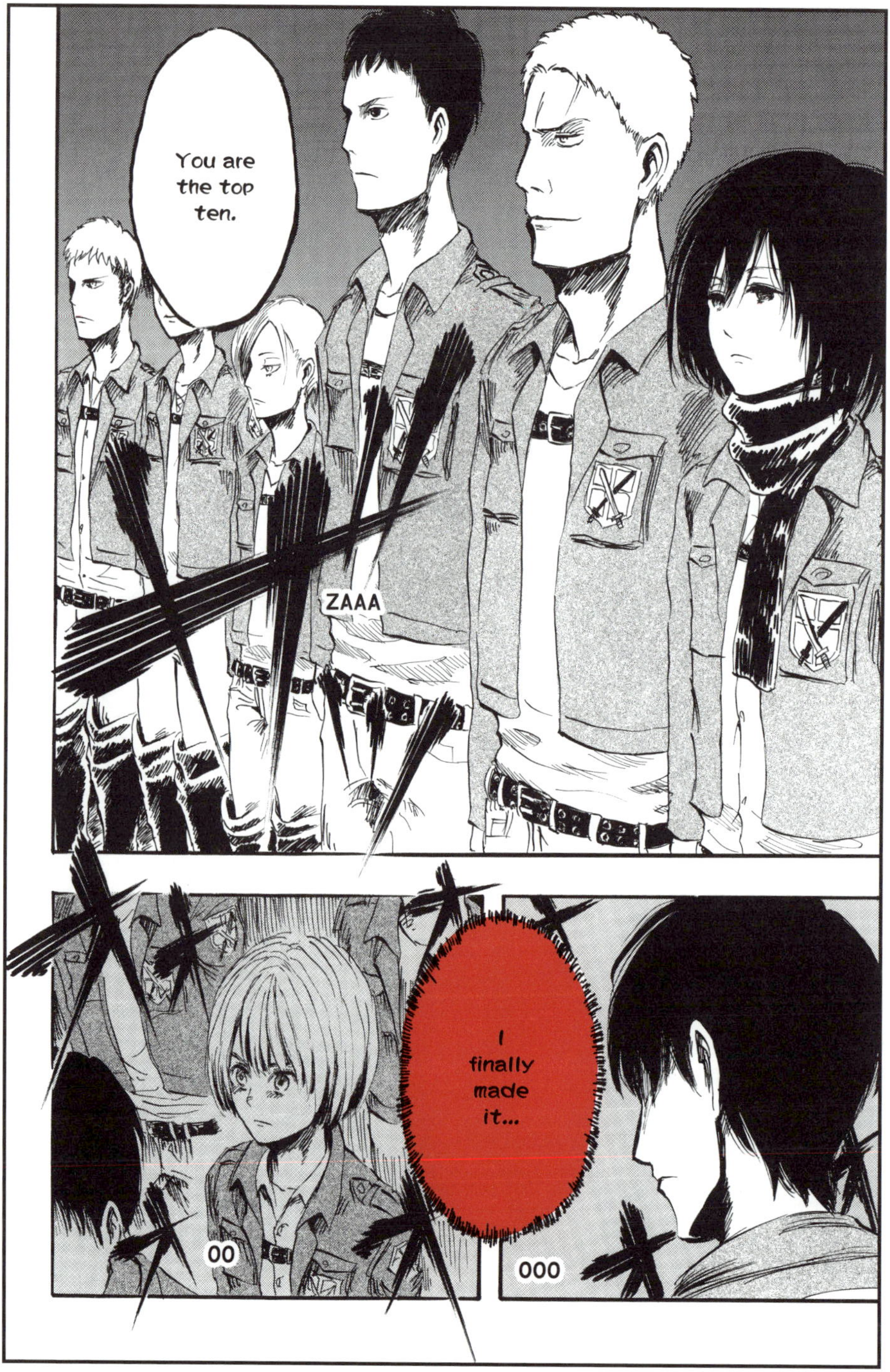
You are the top ten.
ZAAA
I finally made it...
000
00

Scene 2-41

Next time, the humans...

Next time, it's gonna be our turn.

000000

...will devour the Titans!!

Questions

1 やっと ここまで 辿り着いた…
I finally (　　　) it...

Answers

1 made

▶ **made it**：間に合った、乗り越えた、成功した
これは、「何かを無事に、あるいはやっと成し遂げたとき」に広く使う表現です。

Attack on 英文法　非人称 it の使い方

下記の文中の **it** は何を指し示しているのでしょうか。「それ」と指し示しているものが明確ではなく、ただ単に漠然とした状況を表しているようです。

I finally made **it**.（やっとここまで辿り着いた）
Next time, **it**'s gonna be our turn.（今度は人類の番だ）
It's all over.（おしまいだ）

このように、特に前出の名詞を指し示していない it（**非人称の it**）は英文では、非常に多く登場します。用法は次のようになります。

①［漠然とした状況を表す］
　上述の例文を参照
②［天候］
　It's rainy / sunny / cloudy today.（今日は雨降りだ / 晴れている / 曇っている）、など
③［時間］
　What time is **it** now?（今何時？）、**It**'s Monday today.（今日は月曜日だ）、など
　It's been five years since the Colossus Titan suddenly appeared.
　（超大型巨人が現れて5年になる）
④［距離］
　It's far from here to my home town.（僕の町はここから遠いんだ）
⑤［寒暖］
　It's cold / hot / warm outside.（外は寒い / 暑い / 暖かい）、など
⑥［明暗］
　It'll get dark if we don't go home now.（もう帰らないと日が暮れる）

Scene 2-41

Questions

1. 今度は人類の番だ
   Next time, it's gonna be our (　　　).

Answers

1. turn

turn は「回転（する）」という意味で非常に広く適用されます。ここでは、回ってくる「順番」です。"It's your turn." や "It's my turn." などと使うと便利です。

Attack on Vocabulary
意外な意味を持つ多義名詞

上記の turn のように、**意外な意味を持つ名詞**を集めてみました。第1の意味はすべて知っている語ばかりだと思います。英文を読んでいて、知っている簡単な単語でも文脈に合わないと思ったときは、辞書を引いてみると意外な意味を発見することがありますよ。

case：実情、症例、患者、訴訟、論拠 / challenge：やりがいのあること / chance：見込み / change：つり銭、小銭 / copy：（本・雑誌の）1冊 / drive：衝動 / ends：目的 / fashion：やり方、仕方 / figure：人物、図形、数字、計算、算数 / fine：罰金 / game：獲物 / gift：生まれつきの才能 / hand：人手、腕前、筆跡 / image：生き写し / interest：利益、利子 / leave：許可 / letter：文字 / letters：文学 / life：生き物、実物 / light：観点、ものの見方 / matter：物質 / means：財産 / party：政党、当事者 / picture：生き写し / reason：理性 / respect：点、細目 / right：権利 / room：余地、空間 / safe：金庫 / school：（魚などの）群れ、学派、流派 / second：秒、一瞬 / sentence：判決 / shame：残念なこと / society：つき合い / soul：人間 / spirits：酒 / stranger：不案内な人 / string：連続 / study：書斎 / tongue：言語 / treat：楽しみ / trial：裁判 / turn：順番、才能 / want：不足 / well：源泉 / will：意志、遺言書 / word：約束

Attack on 英文法 & Attack on vocabulary タイトル索引

※明朝体は英文法、ゴシック体は vocabulary のページを表す

[あ]

- 意外な意味を持つ多義名詞 …… **283**
- いろいろな否定表現 …… 101
- 英語の擬声語（onomatopoeia） …… **160**
- お金まわりの名詞 …… **265**
- 主な前置詞一覧 …… 165

[か]

- 数の表し方 …… **277**
- 仮定法 …… 234
- 関係代名詞 …… 182
- 関係代名詞 that の用法 …… 264
- 関係代名詞 what …… 246
- 関係副詞 …… 183
- 冠詞 the …… 52
- 間接疑問文の作り方 …… 136
- 完了形 …… 276
- 「来る」と「行く」 …… 94
- 形容詞の後置修飾 …… 241
- 口語英語の短縮形について …… 82
- 語・句・節 …… 34
- 語・句・節をつなぐ前置詞・接続詞 …… 35
- 5文型 …… 40

[さ]

- 使役動詞 …… 58
- 受動態 …… 176
- 助動詞 …… 148
- 『進撃の巨人』用語集 …… **23**
- 前置詞 of …… 10
- 前置詞の後の動名詞 …… 17
- 相関接続詞について …… 189

[た]

- 第1文型と修飾句 …… 41
- タイトル Attack on Titan について …… **22**
- 第4文型を作る動詞 …… 46
- 動詞化した名詞 …… **240**
- 動詞 tell の使い方 …… 59
- 動詞につける not の位置 …… 118
- 動詞 + up …… **213**
- 動名詞の基本用法 …… 16

[な]

- なりきりで覚える重要表現 …… **224**
- 年号の表し方 …… 53

[は]

- 比較級・最上級の使い方 …… **212**
- 比較の基本 …… 201
- 非人称 it の使い方 …… **282**
- 品詞の役割と準動詞 …… 11
- 付加疑問文の作り方 …… 95
- 副詞節を導く接続詞 …… 253
- 不定詞の形容詞的用法と副詞的用法 …… 143
- 不定詞の名詞用法 …… 142
- 分詞構文 …… 88
- 分詞の形容詞的用法 …… 83

[ま]

- 名詞節を導く接続詞 …… 252
- 名詞と間違いやすい副詞 …… 47
- 命令文の作り方 …… **225**
- 目的語に動名詞を取る動詞 …… 76

[abc]

- another と the other(s) …… **235**
- as の用法 …… 164
- ever の使い方 …… **207**
- head を使った熟語・慣用句 …… 29
- make を使った熟語 …… **188**

おわりに

鎖国が解けた明治維新以降、日本における「国際化」は、ひと昔前までそのほとんどが、海外の文化を国内に持ち込むこと、「ローカライゼーション (localization)」でした。

ところが最近では、日本の文化を海外に広げること、つまり「グローバライゼーション (globalization)」がますます重要になってきています。

優れた日本製品や、外国人にとってcoolだと映る日本文化は、今後ますます人気となっていくことでしょう。

また、日本を訪れる外国人が年々増加している現在では、海外に行かず、日本国内で通常の生活を送っているとしても、英語を身につける必要性が高まってきています。

今後、ますます「国際化」の時代が進んでいくことは間違いありません。

その中でわれわれはどうすべきなのでしょうか。

真の「国際人」とは何でしょうか。

「国際人」とは、自国の文化を正しく理解して、それを世界に発信できる人のことです。

海外に出たとき、あるいは、日本を訪れている外国人と接するときに、自分の身の回りのものや普段使っている表現などを英語で正しく説明でき、発信できる力が必要です。

それを身につけるために、たとえば、アメリカンカルチャーが好きな人は、アメリカのコミックやハリウッド映画で学習するのもよいでしょう。

ただし、いきなり、スラング表現をたくさん覚えてみたり、"Oh, my god!"とオーバーアクションで叫ぶのも、違和感があります。

それも生きた英語を学ぶという点で効果的ですが、日本語のなじみのあるテキストを使って英語を学習することは、自分の身の回りに起こる現象を説明する「発信力」の飛躍に大いに役立つと、私は信じています。

これまでに、人気日本漫画作品のバイリンガルコミックは、たくさん出版されています。それらをただ漫然と手に取るだけでは、どのように使って学習すればよいかわからなかったかもしれません。

本書でご紹介したように、セリフの随所にちりばめられた重要表現や文法項目を、今度はあなたご自身で調べつつ精読してみてください。

また、日本語版で理解した内容を、英語版のほうでサラサラと読み進めていく、という方法もよいでしょう。いろいろな角度から、メリハリをつけて学習してみてほしいと思います。

ぜひその際に、「この作品がどのように、世界中の人々の心を捉えているのだろうか」「海外の人々が、どんなセリフをcoolだと感じて読んでいるのだろうか」ということに思いを馳せてみてください。きっとあなたの世界が広がるはずです。

最後に、作品中でエレンが両親に向けて思いをぶつける印象的なセリフを引用します。

I hate the idea of spending my whole life inside the wall, ignorant of what's happening in the world outside!! (外の世界がどうなっているのか何も知らずに一生壁の中で過ごすなんて嫌だ!!)

(本書p.115およびp.117)

英語はあなたの知らない外の世界を広げてくれる、とても有効な道具です。

その有効な道具を携え、真の国際人として国際化社会の中に、どうかみなさんも羽ばたいていってください。

本書は、企画の初期段階から全面的に制作協力をいただいた、東進ハイスクール講師時代の同期・泉澤摩美先生、『進撃の巨人』の世界観を含めてアドバイスいただいた英語のトップ予備校講師の太田耕司先生、最後まで丁寧な編集をしていただいた講談社学芸図書出版部の石井克尚さん、馬淵千夏さんとのチームでできたからこそ発売までこぎつけることができました。ほんとうにどうもありがとうございました。

二〇一五年春

廣政　愁一

廣政愁一（ひろまさ・しゅういち）

「株式会社学びエイド」代表取締役社長。
元予備校講師（東進ハイスクール・河合塾）。担当科目は英語。予備校講師時代、生徒の人気投票で7年連続1位をキープ。その後、教育ビジネスを立ち上げ（「RGBサリヴァン」前代表取締役社長）、放課後の高校校舎を借り、その学校の生徒に勉強を教えるという「学校内予備校」経営のパイオニアとなった。当時、「リアルドラゴン桜」と呼ばれる。現在は、現役の予備校講師や学校教員にも勉強法の指導を行う「先生の先生」としても活躍中。

著書に、超ロングセラー「正攻シリーズ」（研究社）や、『勉強がしたくてたまらなくなる本』（講談社）など多数。

進撃の英語
しんげき　えいご

2015年4月6日　第1刷発行
2021年6月11日　第4刷発行

著　者　廣政　愁一
　　　　　ひろまさしゅういち
　　　　© Shuichi Hiromasa 2015, Printed in Japan
発行者　鈴木章一
発行所　株式会社講談社
　　　　東京都文京区音羽2-12-21
　　　　郵便番号112-8001
　　　　電話　03-5395-3522（編集）
　　　　　　　03-5395-4415（販売）
　　　　　　　03-5395-3615（業務）

KODANSHA

印刷所　株式会社新藤慶昌堂
製本所　株式会社国宝社

定価はカバーに表示してあります。

落丁本・乱丁本は購入書店名を明記のうえ、小社業務あてにお送りください。送料小社負担にてお取り替えいたします。なお、この本についてのお問い合わせは第一事業局企画部あてにお願いいたします。

本書のコピー、スキャン、デジタル化等の無断複製は著作権法上での例外を除き禁じられています。本書を代行業者等の第三者に依頼してスキャンやデジタル化することは、たとえ個人や家庭内の利用でも著作権法違反です。

Ⓡ〈日本複製権センター委託出版物〉複写を希望される場合は、事前に日本複製権センター（電話03-6809-1281）の許諾を得てください。

ISBN978-4-06-219482-2　N.D.C.830　286p　21cm